선인들의 지혜를 한눈에 익힌다

학생 · 직장인 · 각종 수험생의 필독서!!

명심(明心)

마음을 밝게하여

수능·논술·취업·면접대비

보감(寶鑑)

보물과 같은 거울로서
교본이된다.

김 호 인 편저
중앙교육출제위원

도서출판 윤미디어
YUN MEDIA PUBLISHING CO.

머리말

명심보감(明心寶鑑)은 '마음을 밝게 하는 거울'이라는 뜻으로 성현(聖賢)들의 주옥같은 금언(金言)과 교훈이 되는 명구(名句)를 추려 모은 인격 수양서이다.

명심보감은 현대인의 교양서로서 한번쯤은 반드시 읽어볼 만한 책이다.

명심보감(明心寶鑑)은 고려 충렬왕(忠烈王)때, 문신이었던 추적(秋適)선생이 중국의 오랜 고전에서부터 송대에 이르기까지의 문헌을 모아 편찬한 책으로 일찍이 청소년 교육을 위하여 널리 읽혀왔다.

명심보감(明心寶鑑)은 글귀도 물론 좋지만 현대인들이 한문 공부를 하는 데도 이만한 책이 없다 싶을 정도로 내용도 간결하고 그다지 어려운 글자가 없어서 한자를 익히고자 하는 분들에게 더할 수 없이 좋은 교재가 될 것이다.

이 책을 통해 많은 사람들이 인격을 수양하여 인류의 역사와 문화발전에 기여하는 지성인이 되기를 바란다.

-윤미디어 편집부-

차 례

끊임없는 선행을 가르치는 글

"끊이지 않고 선을 이어가라는 의미"의 글이다. 악을 행하기는 쉬워도 끊임없이 선을 행하려면 노력이 필요한 것이 인간의 속성이다. 선은 남을 위해서라기보다 나 자신을 위한 것임을 깨닫고 힘써 행해야 할 것이다.

原 文

자왈 위선자 천보지이복
子曰『爲善者는 天報之以福하고
위불선자 천보지이화
爲不善者는 天報之以禍니라』

直 譯 공자 가로되 "선을 행하는 자에게는 하늘이 복으로써 갚으며, 선하지 못한 자에게는 하늘이 이를 화로써 갚느니라."

解 說 선을 행하는 이는 하늘이 스스로 돌보아 주고, 악한 일을 하는 이에게는 하늘이 스스로 이에 합당한 벌을 내린다는 것이다.

註 공자(孔子: 서기전 552~479): 중국 춘추(春秋)시대 노(魯)나라의 대학자·정치가. 유교의 아버지로 세계 3대 성인의 한 사람이다. 이름은 구(丘), 자(字)는 중니(仲尼).

訓音讀

爲 할 **위**	善 착할 **선**	報 갚을 **보**
福 복 **복**	之 이 **지**	以 써 **이**
禍 재앙 **화**		

原文

한소열 장종 칙후주왈 물이선소이
漢昭烈이 將終에 勅後主曰『勿以善小而
불위 물이악소이위지
不爲하고 勿以惡小而爲之니라』

直譯 한나라의 소열제는 임종에 즈음하여 후주(유선:劉禪)에게 칙어를 남겨 가로되, "선이 작다고 해서 이를 행하지 아니해서는 안되며, 악이 작다고 해서 이를 범해서는 안되느니라."

解說 선행은 비록 작다고 하더라도 거부하지 말 것이며,악행은 비록 작다고 해도 이를 거부해야 할 것이라고 가르친다.

註 한(漢): 고대 중국의 나라 이름으로 여기서는 촉한(蜀漢)을 가리킨다.

소열(昭烈): 중국 촉한(蜀漢)의 초대왕, 성은 유(劉), 이름은 비(備), 字는 현덕(賢德)이며, 소열은 諡號.

訓音讀

昭 밝을 **소**	烈 매울 **렬**	將 장차 **장**
終 마칠 **종**	勅 칙서 **칙**	後 뒤 **후**

原文

장 자 왈
莊子曰

일 일 불 념 선 제 악 개 자 기
『一日不念善이면 諸惡이 皆自起니라』

直譯 장자 가로되, "하루라도 선을 생각하지 않는다면 모든 악이 저절로 일어나느니라."

解說 단 하루라도 착한 일을 생각하지 않으면, 악한 생각이 스스로 일어나 인간의 생각을 흐리게 한다.

註 장자(莊子: 서기전 365~290): 중국 전국(戰國)시대의 송(宋)나라 사람으로 이름은 주(周).

訓音讀

念 생각할 **념**	善 착할 **선**	諸 모두 **제**
惡 악할 **악**	皆 다 **개**	起 일어날 **기**

原文

태공 왈 견선여갈 문악여롱
太公이 曰『見善如渴하고 聞惡如聾하라』

우왈 선사 수탐 악사 막락
又曰『善事란 須貪하고 惡事란 莫樂하라』

直譯 태공이 가로되, "선을 보거든 갈증난 것 같이 하고 악을 듣거든 귀머거리와 같이 하라." 또 가로되, "착한 일은 모름지기 탐내어 하고 악한 일은 즐겨하지 말지어라."

解說 선악에 대한 태도를 가르치는 것으로, 반대로 생각하면 해야 할 일과 하지 않아야 할 일에 대한 개념을 파악할 수 있을 것이다.

註 태공(太公): 중국 주(周)나라 초기의 현자(賢者)로 성은 강(姜), 이름은 여상(呂尙)이라 한다. 서기전 1122년 지금의 중국 산동성(山東省) 태생이며 위수(渭水)가에서 낚시질을 하다가 문왕(文王)에게 기용되었다는 전설이 있다.

訓音讀
渴 목마를 **갈** 聞 들을 **문** 聾 귀머거리 **롱**
須 모름지기 **수** 貪 탐할 **탐** 莫 없을 **막**

原文

마원 왈 종신행선 선유부족
馬援이 曰『終身行善이라도 善猶不足이요
일일행악 악자유여
一日行惡이라도 惡自有餘니라』

直譯 마원이 가로되, "일생동안 선을 행할지라도 선은 오히려 부족하며, 하루동안 악을 행할지라도 악은 그대로 남아 있느니라."

解說 선행이란 한평생을 두고 행하여도 오히려 그 선행이 모자랄 정도이며, 악행이란 단 한번만 행하여도 두고두고 사라지지 않는다. 선과 악은 상대적 개념이다.

註 마원(馬援: 서기전 11~서기49): 중국 후한(後漢) 사람으로 字는 문연(文淵)이며 광무제(光武帝)를 도와서 티벳족을 정벌하고 남방교지(南方交趾)의 반란 평정, 흉노(匈奴) 토벌 등 많은 무공을 세웠다.

訓音讀

援 구원할 **원** 終 마칠 **종** 善 선할 **선**
猶 오히려 **유** 餘 남을 **여**

原文

사마온공 왈 적금이유자손 미
司馬溫公이 曰『積金以遺子孫이라도 未
필자손 능진수 적서이유자손
必子孫이 能盡守요 積書以遺子孫이라도
미필자손 능진독 불여적음덕어
未必子孫이 能盡讀이니 不如積陰德於
명명지중 이위자손지계야
冥冥之中하야 以爲子孫之計也니라』

直譯 사마온공이 가로되, "돈을 모아 자손에게 남겨 줄지라도 반드시 자손이 능히 지킨다고 할 수 없으며, 책을 모아 자손에게 남겨 줄지라도 반드시 자손이 능히 다 읽지는 못할 것이니 드러내지 않는 가운데 음덕을 쌓아 자손계(子孫計:자손을 위하여 하는 계획)로 삼은 것만 같지 못하느니라."

解說 자식을 위하여 남몰래 덕(德)을 베풀고 선행을 행하여 그 터전을 쌓아 놓으면, 길이 길이 자손에게 은덕이 될 것이다.

註 사마온공(司馬溫公: 1019~1086): 중국 북송(北宋)의 정치가이며 학자이다. 이름은 광(光), 字는 군실(君實), 문정공(文正公)은 諡號이다.

原文

경행록 왈 은의 광시 인생하처
景行錄에 曰『恩義를 狂詩하라 人生何處

불상봉 수원 막결 노봉협처
不相逢이니 讐怨을 莫結하라 路逢狹處면

난회피
難回避니라』

直譯 〈경행록〉에 가로되, "은의(恩義:은혜와 덕의[德義:사람으로서 마땅히 지켜야 할 도덕상의 의리])를 널리 베풀어라. 세상을 살다보면 어느 곳에서 만나지 않으랴, 원수를 맺지 말라. 좁은 길에서 만나게 되면 피하기 어려우니라."

解說 은혜와 의리는 가능한 한 넓게 베푸는 것이 좋다. 곤란에 처했을 경우 은혜와 의리는 언제든지 베푼 만큼 받을 수 있는 법이다. 반대로 원수와 원망은 가능한 한 맺지 않는 것이 좋다. 피할 수 없는 좁은 길에 처해서는 원수와 부딪치게 마련이다.

註 경행록(景行錄): 송(宋)나라 때 만든 책으로 떳떳하고 밝은 행위를 하라고 가르친 책이다.

訓音讀

錄 기록할 **록** 廣 넓을 **광** 施 베풀 **시**
逢 만날 **봉** 狹 좁을 **협**

原文

장자왈 어아선자 아역선지
莊子曰『於我善者도 我亦善之하고
어아악자 아역선지 아기어인
於我惡者도 我亦善之니라 我旣於人에
무악 인능어아 무악재
無惡이면 人能於我에 無惡哉인저』

直譯 장자 가로되, "나에게 선하게 하는 자에게 나 역시 이에 선하게 하고, 나에게 악하게 하는 자에게도 역시 나는 이에 선하게 할지니라. 내가 이제까지 악하게 하지 않았으니 남도 능히 나에게 악하게 함이 없느니라.

解說 내게 착하게 하든 악하게 하든 나는 이를 상관하지 않고 착하게 대하는 것이 좋다. 폭넓은 대인관계는 살아 가는 데에 언제나 도움이 될 것이다.

訓音讀

亦 또 **역**	旣 이미 **기**	無 없을 **무**
能 능할 **능**	哉 어조사 **재**	

原文

동악성제수훈　왈　일일행선
東岳聖帝垂訓에 曰『一日行善이라도
복수미지　화자원의　일일행악
福雖未至나 禍自遠矣오 一日行惡이라도
화수미지　복자원의　행선지인
禍雖未至나 福自遠矣니 行善之人은
여춘원지초　불견기장
如春園之草하여 不見其長이라도
일유소증　행악지인　여마도지석
日有所增하고 行惡之人은 如磨刀之石하
불견기손　일유소휴
야 不見其損이라도 日有所虧니라』

直譯 동악성제가 내린 가르침에 가로되, "하루동안 착한 일을 행할지라도 비록 복은 금방 이르지 않으나 화는 저절로 멀어질 것이요. 하루동안 악을 행할지라도 비록 화는 금방 이르지 않으나 복은 저절로 멀어질 것이니라. 착한 일을 행하는 사람은 봄동산의 풀과 같아서 그 자라는 것은 보이지 않으나 날마다 자라나는 바가 있고, 악을 행하는 사람은 칼가는 숫돌과 같아서 닳아 없어지는 것

은 보이지 않으나 날이 갈수록 닳아 없어지는 것과 같으니라."

解 說 선행은 바로 그 보람을 나타내지 않는다. 그러나 날이 갈수록 선행이 쌓여 언제 다가올지 모르는 재앙에서 벗어나게 할 것임이 틀림없다. 자신이 저지른 악은 다가오는 복을 서서히 멀어져 가게끔 만들기 마련이다.
봄날의 새싹은 순간 순간 포착할 수는 없지만, 어느새 자라나서 꽃을 피운다. 이러한 자연과 같이 선행의 덕은 순간 순간 보람이 나타나지는 않지만 서서히 쌓여 꽃을 피우고 열매를 맺는다.
숫돌이 닳아서 없어지는 것처럼, 악덕은 바로 느끼지 못하지만 우리의 삶을 조금씩 소멸로 몰고 간다.

註 동악성제(東岳聖帝): 도가(道家)에 속하며, 성명과 연대는 미상이나 성현의 한 사람이다.

訓音讀

聖 성인 **성**	垂 드릴 **수**	訓 가르칠 **훈**
雖 비록 **수**	春 봄 **춘**	園 동산 **원**
增 더할 **증**	磨 갈 **마**	損 덜 **손**
虧 이지러질 **휴**		

原文

자 왈　견 선 여 불 급
子曰『見善如不及하고
견 불 선 여 탐 탕
見不善如探湯하라』

直譯 공자 가로되, "착한 것을 보거든 아직도 부족함을 깨닫고 착하지 못한 것을 보거든 끓는 물을 더듬는 것 같이하라."

解說 선은 끝이 없어 언제나 부족한 느낌으로 선행을 할 것을 가르쳐 주고 있다.

訓音讀

見 볼 **견**　如 같을 **여**　及 미칠 **급**
探 찾을 **탐**　湯 끓을 **탕**

천명편 (天命篇)

하늘에 순종하는 도덕률을 가르치는 글

하늘의 뜻에 순종한다는 것은 결국 선을 행함에 있다. 선을 버릴 때 그것은 곧 하늘을 버리는 것이 되니 어찌 하늘이 두렵지 않으랴.
따라서 우리는 영원히 하늘의 뜻에 따라 스스로 많은 복을 구해야 할 것이다.

原文

자왈 순천자 존
子曰『順天者는 存하고
역천자 망
逆天者는 亡이니라』

直譯 공자 가로되, "하늘에 순종하는 사람은 남고 하늘을 거스르는 사람은 망하느니라."

解說 하늘을 따른다는 것은 대자연의 섭리를 거스르지 않는다는 뜻.

訓音讀

子 아들 **자**	順 순할 **순**	天 하늘 **천**
存 있을 **존**	逆 거스를 **역**	亡 망할 **망**

原文

강 절 소 선 생 왈 천 청 적 무 음
康節邵先生이 曰『天聽이 寂無音하니
창 창 하 처 심 비 고 역 비 원
蒼蒼何處尋이 非高亦非遠이라
도 지 재 인 심
都只在人心이니라』

直譯 강절소선생 가로되, "저 하늘은 고요하여 소리하나 없이 멀고 아득하니 어느 곳에서 하느님의 들으심을 찾으랴, 높지도 않고 또한 멀지 않은 곳, 모두가 다만 사람의 마음에 있느니라."

解說 푸른 하늘이 있다. 그 하늘은 아무소리도 내지 않고 그저 푸르기만 하다. 그럼 과연 하늘은 어디에 있는 것일까? 그러나 하늘은 높은 곳에 있지도 않고 먼곳에 있지도 않다. 하늘은 사람의 마음속에 있기 때문이다.

註 강절소(康節邵: 1011~1077): 송(宋)나라 때 유학자로 성은 소(邵), 이름은 옹(雍), 字는 요부(堯夫), 강절(康節)은 謚號이다.

訓音讀

康 편안 **강**	邵 높을 **소**	聽 들을 **청**
寂 고요할 **적**	音 소리 **음**	蒼 푸를 **창**
尋 찾을 **심**	都 도읍 **도**	只 다만 **지**

原文

현 제 수 훈 왈
玄帝垂訓에 曰

인간사어 천청 약뢰
『人間私語라도 天聽은 若雷하고

암실기심 신목 여전
暗室欺心이라도 神目은 如電이니라』

直譯 현제가 내린 가르침에 가로되, "사람들의 사사로운 말일지라도 하늘이 들으심에는 우뢰와 같이 크게 들리고, 어두운 방에서 마음을 속일지라도 신의 눈은 번개와 같으니라."

解說 지나가면서 하는 말 또는 부담없이 하는 이야기라 할지라도, 하늘을 우러러 한 점 부끄러움이 없는 내용이어야 한다. 은밀히 속삭이는 말도 보이지 않는 누군가가 듣고 있으리라.

訓音讀

垂 드리울 **수** 聽 들을 **청** 若 같을 **약**
雷 우뢰 **뢰** 欺 속일 **기** 電 번개 **전**

原文

익지서 운
益智書에 云

악관 약만 천필주지
『惡鑵이 若滿이면 天必誅之니라』

直譯 〈익지서〉에 이르기를, "나쁜 마음이 단지에 가득 차면 하늘이 반드시 천벌로 대할 것이니라."

解說 사람의 마음에 악한 생각이 있으면, 스스로 그 악한 생각에 따른다는 것이다. 대자연의 순리에 역행하면 생존할 수가 없다.

註 익지서(益智書): 송(宋)나라 때에 만들어진 교양(敎養)에 관한 책.

訓音讀

益 더할 **익**	智 슬기 **지**	惡 악할 **악**
滿 찰 **만**	誅 벨 **주**	

原文

장자왈 약인 작불선 득현명자
莊子曰『若人이 作不善하야 得顯名者는
인수불해 천필륙지
人雖不害나 天必戮之니라』

直譯 장자 가로되, "만일 어떤 사람이 착하지 못한 일을 하여 이름을 세상에 나타낸 자는, 사람은 비록 해치지 못할지라도 하늘은 반드시 그를 죽일 것이니라."

解說 악덕을 행한자들이 온갖 부귀를 누린다고 해도 하늘은 이를 그냥 두지 않을 것이다.

訓音讀
得 얻을 **득** 顯 나타날 **현** 雖 비록 **수**
害 해할 **해** 戮 죽일 **륙**

原文

종 과 득 과 　 종 두 득 두
種瓜得瓜요 種豆得豆니
천 망 　 회 회 　 소 이 불 루
天網이 恢恢하야 疎而不漏니라

直譯 씨앗이 외일진대 외를 얻을 것이오, 콩씨라면 콩을 얻는다. 하늘의 그물은 굉장히 넓어서 성기지만 빠뜨리지는 않느니라.

解說 착한 일을 하면 반드시 선행에 대한 보상을 받으며, 악한 일을 하면 악행에 대한 보복을 받게 마련이다.

訓音讀

瓜 오이 **과**	豆 콩 **두**	網 그물 **망**
恢 넓을 **회**	疎 성길 **소**	漏 샐 **루**

原文

자 왈 획 죄 어 천
子曰『獲罪於天이면
무 소 도 야
無所禱也니라』

直譯 공자 가로되, "하늘로부터 죄를 얻으면 빌 곳이 없느니라."

解說 나쁜일을 하면 하늘로부터 반드시 그에 따른 벌을 받는다. 하늘이 내린 벌은 절대적이란 말이다.

訓音讀
獲 얻을 **획** 罪 허물 **죄** 無 없을 **무**
所 바 **소** 禱 빌 **도**

운명에 따르는 지혜를 가르치는 글

하늘의 명(命)에 순응해야 함을 말하고 있는 글이다. 하늘의 이치, 자연의 이치를 거스리지 말고 자신의 생(生)을 개척하라는 조언일 것이다. 자신의 본분을 알지 못하고 분수에 넘치는 일을 좇다가 자신을 망치는 지경에 이르는 일도 종종 보게 되니 말이다.

原文

자 왈 사 생 유 명
子曰『死生이 有命이오
부 귀 재 천
富貴는 在天이니라』

直譯 공자 가로되, "죽고 사는 것은 명에 있고 부귀를 이룸은 하늘에 있느니라."

解說 자연의 순리때로 살아가자는 말이다.

訓音讀

死 죽을 **사** 命 목숨 **명** 富 부자 **부**
貴 귀할 **귀** 在 있을 **재**

原文

만 사 분 이 정
萬事分已定이어늘
부 생 공 자 망
浮生空自忙이니라

順命篇

直譯 만사는 이미 분수가 정해져 있는데 덧없는 사람들이 바삐 날뛰느니라.

解說 인간 세상에 일어나는 모든 현상은 어떤 운명적인 결정에 의하여 이미 나타나는 현상대로 규정되어 있으며, 그 규정된 길로 걸어가야 한다는 말이다. 부질없이 안간힘을 써보아도 결정된 운명을 뒤바꿀 수는 없다.

訓音讀 萬 일만 **만** 定 정할 **정** 浮 뜰 **부**
空 빌 **공** 忙 바쁠 **망**

原文

경행록 운
景行錄에 云

화불가행면 복불가재구
『禍不可倖免이오 福不可再求니라』

直譯 〈경행록〉에 이르기를, "화는 요행으로 면할 수 없으며 복은 두 번 다시 구하지 못하느니라."

解說 운명적인 재앙은 어떤 요행으로도 피할 수 없다. 그리고 한번 지나간 복은 다시 돌이킬 수가 없다.

訓音讀

禍 재앙 **화** 倖 요행 **행** 免 면할 **면**
再 두 **재** 求 구할 **구**

原文

시 래 풍 송 등 왕 각
時來風送滕王閣이오
운 퇴 뢰 굉 천 복 비
運退雷轟薦福碑이니라

直譯 때를 만나면 바람이 일어 등왕각으로 보내지고, 운이 없으면 천복비에 벼락이 떨어지느니라.

解說 당나라 때의 일화로써, 왕발이 꿈속에서 망당산 신령이 나타나 계시를 하여서 순풍속에 배를 타고 하룻밤 사이에 남창 7백 리를 가서 등왕각 서문을 지어 천하에 명성을 떨쳤다. 구대공의 문객 가운데 지극히 가난한 자가 천복비 비문을 탁본해 올리면 보수를 후하게 준다는 소문을 듣고 어렵게 수천 리를 갔으나, 공교롭게도 그날밤 벼락이 떨어져 그 비석이 산산이 조각나 있었다. 인간사는 모두 그 운명이 결정되어 있다는 가르침.

註 등왕각: 양자강 유역 남창(南昌)에 있는 누각.
천복비(薦福碑): 강서성(江西省) 천복사(薦福寺)에 있던 비로 원(元)나라 때 마치원(馬致遠)이 세운 것이라는 설도 있고 당(唐)나라 때 구양순(歐陽詢)이 비문을 썼다는 설도 있다.

訓音讀
送 보낼 **송** 閣 집 **각** 轟 울릴 **굉**
薦 천거할 **천** 碑 비석 **비**

順命篇

順命篇

原文

열자 왈 치롱고아 가호부
列子 曰『痴聾痼瘂도 家豪富요
지혜총명 각수빈 년월일시 해재
智慧聰明도 却受貧이라 年月日時 該載
정 산래유명불유인
定하니 算來由命不由人이니라』

直譯 열자 가로되, "어리석고 귀먹고 고질이 있고 벙어리인데도 호화로운 부자요, 지혜있고 총명하지만 도리어 가난하니라, 운(運)은 해와 달, 날과 시가 마땅히 정해져 있으니 부귀와 가난은 사람으로 말미암음에 있지 않고 천명에 있느니라."

註 열자(列子): 이름은 어구(御寇)이며, 전국(戰國)시대 초기 노(魯)나라의 철학자로 그의 사상을 엮은 책 <열자>가 있다.

訓音讀

痴 어리석을 **치**	聾 귀먹을 **롱**	痼 고질 **고**
豪 호걸 **호**	慧 지혜 **혜**	聰 귀밝을 **총**
却 물리칠 **각**	該 그 **해**	載 실을 **재**
算 셈할 **산**	由 말미암을 **유**	

효행편 (孝行篇)

효도를 가르치는 글

백행(百行)의 근본이라 하는 효(孝)에 관한 글이다. 효(孝)를 이웃의 어른에게 미루어 적용하면 제(悌)가 되는 것이요, 그 마음을 더욱 넓혀 미루어 동료에게 적용하면 충신(忠信)이니, 효(孝)가 어찌 백행의 근본이 아닐수 있겠는가?

原文

시 왈 부 혜 생 아 모 혜 국 아
詩曰『父兮生我하시고 母兮鞠我하시니
애 애 부 모 생 아 구 로
哀哀父母여 生我劬勞셨다
욕 보 심 은 호 천 망 극
欲報深恩인대 昊天罔極이로다』

直譯 〈시전〉에 가로되, "아버지 날 낳으시고 어머니 날 기르시니 슬프고 슬프도다. 어버이시여, 나를 낳아 기르시느라고 애쓰셨도다. 그 깊은 은혜를 갚고자 할진데 넓은 하늘과 같이 끝이 없느니라."

解說 시전(詩傳): 시경(詩經)을 해설한 것으로 공자(孔子)가 편찬했다고 한다.

사서(四書): 논어(論語), 맹자(孟子), 중용(中庸), 대학(大學)

삼경(三經): 시경(詩經), 서경(書經), 역경(易經,周易이라고도 함)

訓音讀

兮 어조사 **혜**	鞠 기를 **국**	哀 슬플 **애**
勞 수고로울 **로**	欲 하고자할 **욕**	報 갚을 **보**
深 깊을 **신**	該 그 **해**	載 실을 **재**
罔 그물 **망**	極 다할 **극**	

原文

자 왈　효 자 지 사 친 야　거 즉 치 기 경
子曰『孝子之事親也에 居則致其敬하고
양 즉 치 기 락　병 즉 치 기 우
養則致其樂하고 病則致其憂하고
상 즉 치 기 애　제 즉 치 기 엄
喪則致其哀하고 祭則致其嚴이니라』

直譯 공자 가로되, "효자가 어버이를 섬길진대 기거에는 공경함을 다하고, 받들어 섬김에는 즐거움을 다하고, 병드신 때에는 근심을 다하고, 돌아가신 때에는 슬픔을 다하고, 제사지낼 때에는 엄숙함을 다할지니라."

訓音讀

孝 효도 **효**	親 친할 **친**	則 곧 **즉**
致 이를 **치**	敬 공경할 **경**	養 기를 **양**
樂 즐거울 **락**	病 병들 **병**	憂 근심 **우**
喪 죽을 **상**	哀 슬플 **애**	祭 제사 **제**
嚴 엄할 **엄**		

孝行篇

原文

자 왈　부 모 재
子曰『父母在어시든
불 원 유　　유 필 유 방
不遠遊하며 遊必有方이니라』

直譯 공자 가로되, "부모가 계실 때에는 멀리 떨어져 놀지 말것이며, 놀 때는 반드시 그 가는 곳을 알릴지니라."

訓音讀 在 있을 **재**　遠 멀 **원**　遊 놀 **유**
必 반드시 **필**　方 모 **방**

原文

자왈 부명소
子曰『父命召어시든

유이불락 식재구즉토지
唯而不諾하고 食在口則吐之니라』

直譯 공자 가로되, "아버지께서 부르시면 속히 공손히 대답하여 머뭇거리지 말고 입에 음식이 있거든 곧 이를 뱉고 대답할지니라."

訓音讀 召 부를 **소** 唯 오직 **유** 諾 허락할 **낙**
食 밥 **식** 吐 토할 **토**

原 文

태공 왈 효어친 자역효지
太公이 曰『孝於親이면 子亦孝之하니
신기불효 자하효언
身旣不孝면 子何孝焉이리오』

直 譯 태공이 가로되, "어버이께 효도하면 자식 또한 효도하나니 이 몸이 효도하지 않았다면 어찌 내자식이 효도하리오."

訓音讀

於 어조사 **어**	亦 또 **역**	身 몸 **신**
旣 이미 **기**	焉 어조사 **언**	

原文

효순 환생효순자
孝順은 還生孝順子요
오역 환생오역자 불신
悟逆은 還生悟逆子하나니 不信커든
단간첨두수 점점적적불차이
但看簷頭水하라 點點滴滴不差移니라

直譯 효순(孝順:착하고 효성스러운)한 사람은 효순한 자식을 낳을 것이요, 오역(悟逆:어긋나고 거스르는)한 사람은 오역한 자식을 낳나니 믿지 못하겠거든 저 처마끝의 낙수를 보아라. 방울방울 떨어짐이 어긋남이 없느니라.

註 오역: 이 말은 원래 불교의 '오역죄', 즉 '오무간업'을 가르친다.
불교 오역: 아버지 죽이는 것, 어머니 죽이는 것, 아라한을 죽이는 것, 승단의 화합을 깨는 것, 불신을 상해하는것.
유교 오역: 임금을 죽이는 것, 아버지를 죽이는 것, 어머니를 죽이는 것, 할아버지를 죽이는 것, 할머니를 죽이는 것.

訓音讀
順 순할 **순** 還 돌아올 **환** 但 다만 **단**
看 볼 **간** 點 점 **점** 滴 물방울 **적**
差 어긋날 **차** 移 옮길 **이**

자기를 바로 세우는 것을 가르치는 글

수신(修身)에 도움이 되는 글이다. 여기에는 유가(儒家)에서 강조하는 절제를 통한 인격수양과 더불어 난세(亂世)를 사는 도가(道家)특유의 처세훈까지 곁들어 있다. 절제할 줄 모르는 현대인들에게 시사하는 바가 크다 하겠다.

原文

성 리 서　　운　견 인 지 선 이 심 기 지 선

性理書에 云『見人之善而尋己之善하고

견 인 지 악 이 심 기 지 악　　　여 차

見人之惡而尋己之惡이니 如此면

방 시 유 익

方是有益이니라』

直譯 〈성리서〉에 이르기를, "남의 착한 것을 보고 나의 착한 것을 찾고, 남의 악한 것을 보고 나의 악한 것을 찾을 것이니, 이와 같이 함으로써 바야흐로 이는 유익함이 되니라."

解說 남의 선과 악이 모두 나의 스승이 될 수 있다는 것은, 스스로에게 겸허하고 스스로를 반성하여 거듭 태어나고자 하는 강한 의지가 있어야 함을 의미하는 것이다.
고사성어로서는 타산지석(他山之石)이 있다.

註 성리서(性理書): 송(宋)나라 때 유학(儒學)의 한 계통으로 인간의 심성(心性)과 우주의 원리를 연구한 책.

訓音讀

理 이치 **리**	尋 찾을 **심**	己 몸 **기**
此 이 **차**	是 이 **시**	益 더할 **익**

原文

경행록 운 대장부 당용인
景行錄에 云『大丈夫는 當容人이언정
무위인소용
無爲人所容이니라』

直譯 〈경행록〉에 이르기를, "대장부는 마땅히 남을 용서할지언정 남의 용서를 받는 사람이 되지 말지니라."

解說 큰일을 할 사람은 늘 너그러이 다른 사람을 포용(용서)하고, 다른 사람에게 용서를 받는 입장이거나 속 좁다는 비판을 받아서는 안 된다는 말이다.

訓音讀 錄 기록할 **록** 當 당할 **당** 容 얼굴 **용**
爲 할 **위** 所 바 **소**

原文

태공　왈　물이귀기이천인
太公이 曰『勿以貴己而賤人하고
물이자대이멸소
勿以自大以蔑小하고
물이시용이경적
勿以恃勇而輕敵이니라』

直譯 태공이 가로되, "내 몸이 귀하다고 남을 천하게 여기지 말고, 자신이 크다고 남의 작은 것을 업신여기지 말며, 용맹을 믿고서 적을 가벼이 생각지 말지니라."

解說 자기의 능력과 용기만 믿고 상대방을 가벼이 보아서는 안된다는 말이다.

訓音讀
貴 귀할 **귀**　賤 천할 **천**　蔑 업신여길 **멸**
恃 믿을 **시**　勇 날랠 **용**　輕 가벼울 **경**
敵 대적할 **적**

原文

마원 왈
馬援이 曰

문인지과실 여문부모지명
『聞人之過失이어든 如聞父母之名하여

이가득문 구불가언야
耳可得聞이언정 口不可言也이니라』

直譯 마원이 가로되, "남의 허물을 듣거든 어버이의 이름을 듣는 것 같이하여 가히 귀로 들을지언정 입으로 말하지 말지니라."

解說 남을 비방하거나 헐뜯는 것은 어리석은 일이며, 상대방이 언젠가는 알게 될 것이다.
그러한 이야기를 듣는 것은 자기 부모에 대한 험담을 듣는 것처럼 부끄럽게 생각하고, 들은 이야기는 다른 사람에게 이야기하지 말아야 한다.

訓音讀

援 도울 **원** 聞 들을 **문** 過 허물 **과**
失 잃을 **실** 得 얻을 **득**

原文

강절소선생 왈
康節邵先生이 曰

문인지방 미상노
『聞人之謗이라도 未嘗怒하며

문인지예 미상희
聞人之譽라도 未嘗喜하며

문인지악 미상화
聞人之惡이라도 未嘗和하며

문인지선즉취이화지 우종이희지
聞人之善則就而和之하고 又從而喜之니라』

기시 왈
其詩에 曰

낙견선인 낙문선사
『樂見善人하며 樂聞善事하며

낙도선언 낙행선의
樂道善言하며 樂行善意하고

문인지악 여부망자
聞人之惡이어든 如負芒刺하고

문인지선 여패난혜
聞人之善이어든 如佩蘭蕙니라』

直 譯 강절소 선생이 가로되, "남의 비방을 들을지라도 즉시 성내지 말며, 남의 칭찬을 듣더라도 곧 기뻐하지 말며, 다른 사람의 악한 얘기를 듣더라도 곧 이에 화내지 말라. 다른 사람의 좋은 얘기를 듣거든 나아가 즐겁게 답하고 기뻐하며 따르라." 그의 시에 가로되, "착한 사람 보기를 즐겨하며 착한 일 듣기를 즐겨하며 착한 말 하기를 즐겨하며, 착한 뜻 행하기를 즐겨하라. 남의 좋지 못한 것을 듣거든 가시를 몸에 지닌 것 같이 하고 남의 착한 것을 듣거든 향초(영지와 난초)를 지닌 것 같이 하니라."

訓音讀

康 편안할 **강**	節 마디 **절**	邵 높을 **소**
謗 헐뜯을 **방**	嘗 일찍 **상**	怒 노할 **노**
譽 기릴 **예**	喜 기쁠 **희**	就 이룰 **취**
從 좇을 **종**	芒 까그라기 **망**	佩 찰 **패**
蘭 난초 **란**	蕙 난초 **혜**	

原文

도 오 선 자　　시 오 적
道吾善者는 是吾賊는
도 오 악 자　　시 오 사
道吾惡者는 是吾師니라』

直譯 나의 착함을 말해 주는 사람은 곧 나의 적이요, 나의 좋지 못함을 말해 주는 사람은 곧 나의 스승이니라.

解說 나의 좋은 점만 이야기 해주는 것은 나의 자만을 키울 수 있고, 나의 단점이나 잘못을 이야기 해주는 것은 인격수양에 큰 보탬이 될 수 있다는 말이다.

訓音讀 吾 나 **오**　是 이 **시**　賊 도둑 **적**
惡 악할 **악**　師 스승 **사**

原文

태공　　왈
太公이 曰

근위무가지보　신시호신지부
『勤爲無價之寶요 愼是護身之符니라』

直譯 태공이 가로되, "부지런히 일하는 것은 값을 매길 수 없는 보배요, 언행을 삼가함은 몸을 지키는 부적이니라."

解說 운이 아무리 없다고 해도 부지런함은 성공의 원인이고, 조심과 삼가함은 재앙을 막을 수 있는 최선의 길이다.

訓音讀
勤 부지런할 근　價 값 가　愼 삼갈 신
護 보호할 호　符 부신 부

原文

景行錄(경행록)에 曰(왈)『保生者(보생자)는 寡慾(과욕)하고
保身者(보신자)는 避名(피명)이니
無慾(무욕)은 易(이)나 無名(무명)은 難(난)이로다』

直譯 〈경행록〉에 가로되, "삶을 안전하게 보전하려는 자는 욕심을 적게하고, 몸을 안전하게 보전하려는 자는 세상에 이름을 내려하지 않으니, 욕심을 없애기는 쉬우나 이름을 내려하지 않기는 어려우니라."

解說 자기 삶을 제대로 지키려면 욕심을 적게하고, 몸을 안전하게 지키려면 명예욕에 빠지지 말라. 그러나 욕심을 없게하기는 쉬우나 명예를 버리기는 어렵다는 것으로 인간의 명예욕에 대한 집착을 표현한 것이다.

訓音讀

保 보존할 **보** 寡 적을 **과** 慾 욕심 **욕**
避 피할 **피** 易 쉬울 **이**

原文

자왈 군자유삼재
子曰『君子有三戒하니

소지시 혈기미정 계지재색
小之時엔 血氣未定이라 戒之在色하고

급기장야 혈기방강
及其壯也하여 血氣方剛이라

계지재투 급기노야
戒之在鬪하고 及其老也하여

혈기기쇠 계지재득
血氣旣衰라 戒之在得이니라』

直譯 공자 가로되, "군자는 세 가지 경계할 것이 있으니, 어릴 때는 혈기가 정하여 있지 아니한지라 경계할 것은 여색에 있고, 몸이 장성함에 이르러선 혈기가 바야흐로 굳센지라 경계할 것은 싸움에 있으며, 몸이 늙음에 이르러선 혈기가 이미 쇠한지라 경계할 것은 탐욕에 있느니라."

解說 인생을 청년기, 중년기, 노년기로 나누어서 경계해야 할 점을 제시하고 있다. 청년기는 '여색'을, 장년기는 '다툼'을, 노년기는 '탐욕'을 조심하라는 교훈.

訓音讀

君 임금 **군**	戒 경계 **계**	壯 장대할 **장**
剛 굳셀 **강**	鬪 싸울 **투**	衰 쇠할 **쇠**

原文

손진인 양생명 운
孫眞人의 養生銘에 云

노심편상기 사다태손신
『怒甚偏傷氣요 思多太損神이라

신피심이역 기약병상인
神疲心易役이오 氣弱病相因이라

물사비환극 당령음식균
勿使悲歡極하고 當令飮食均하며

재삼방야취 제일계신진
再三防夜醉하고 第一戒晨嗔하라.』

直譯 손진인의 〈양생명〉에 이르기를, "성내기를 심히 하면 기운을 상하게 되며, 생각이 많으면 크게 정신을 상하느니라. 정신이 피로하면 마음이 수고로워지기 쉽고, 기운이 약하면 병이 나느니라. 슬퍼하고 기뻐하는 것을 심하게 하지 말고, 음식은 마땅히 고르게 하며 밤에 술 취하는 것을 거듭 금하고 새벽녘에 성내는 것을 첫째로 삼가하라."

解說 화가 치밀어도 잊고, 번민이 있더라도 단순화시키고, 생활을 절제하고, 마음을 너그럽게 하는 것이 건강하게 오래 살 수 있는 양생의 비결이다.

註 손진인(孫眞人): 도가(道家)에 속하는 사람으로 이름은 알려지지 않았음.
양생명(養生銘): 몸과 마음을 건강하게 해서 오래 살기를 꾀하는 계명.

訓音讀

銘 새길 **명**	偏 치우칠 **편**	傷 상할 **상**
損 덜 **손**	疲 피곤할 **피**	役 부릴 **역**
悲 슬플 **비**	歡 기뻐할 **환**	極 다할 **극**
醉 술취할 **취**	晨 새벽 **신**	嗔 성낼 **진**

原文

경 행 록 왈
景行錄에 曰

식 담 정 신 상 심 청 몽 매 안
『食淡精神爽이오 心淸夢寐安이니라』

直譯 〈경행록〉에 가로되, "음식이 깨끗하면 정신이 상쾌하고, 마음이 맑으면 편히 잘 수 있느니라."

解說 음식을 고르게 섭취하는 것이 건강의 비결이다. 너무 과식하지 말고 편식을 하지 말아야 한다.

訓音讀 淡 맑을 **담** 爽 상쾌할 **상** 淸 맑을 **청**
夢 꿈 **몽** 寐 잘 **매**

原文

정심응물　　수부독서
定心應物하면 **雖不讀書**라도

가이위유덕군자
可以爲有德君子이니라

直譯 마음가짐을 바로 잡고 사물(事物)을 대하면 비록 글을 읽지 못하더라도 능히 덕망있는 군자가 되느니라.

解說 마음의 텃밭에 덕을 심고 가꾸는 것이 학문을 닦고 인격을 수양하는 바탕이 되는 것이다.

訓音讀

應 응할 **응**	雖 비록 **수**	讀 읽을 **독**
書 글 **서**	德 큰 **덕**	

原文

근사록 운 정분 여고인
近思錄에 云『懲忿을 如故人하고
질욕 여방수
窒慾을 如防水하라』

直譯 〈근사록〉에 이르기를, "분노를 징계하기를 옛 성인과 같이 하고 욕심 막기를 물 막듯이 하라."

解說 인간은 감정의 동물이기 때문에 한번 분노에 모든 것을 잃을 수 있으므로 감정을 억제하고 욕망을 다스리라는 말이다.

註 근사록(近思錄): 송(宋)나라 때 주자(朱子)와 그의 제자인 여조겸(呂祖謙)이 함께 지은 책으로 인격수양에 필요한 금언(金言) 622조목을 추려 내어 14부로 나누어져 있다.

訓音讀 懲 징계할 **징** 忿 분할 **분** 窒 막을 **질**
慾 욕심 **욕** 防 막을 **방**

原文

이견지 운 피색 여피수
夷堅志에 云『避色을 如避讐하고

피풍 여피전
避風을 如避箭하며

막끽공심다 소식중야반
莫喫空心茶하고 少食中夜飯하라』

直譯 〈이견지〉에 이르기를, "여색 피하기를 원수 피하듯 하고, 바람 피하기를 날아오는 화살 피하듯이 하며, 빈 속에 다(차)를 마시지 말고, 밤중에는 밥을 적게 먹어라.

解說 여색을 피하고, 바람을 피하고, 빈속이나 한밤중에 섭생을 조심하여 스스로의 건강한 삶을 지켜야 할 것이다.

註 이견지(夷堅志): 송(宋)나라 때 사람인 홍매(洪邁: 1123~1202)가 민간의 이상한 일이나 이야기를 모아 엮은 설화집으로 420권으로 되어 있다.

訓音讀

夷 오랑캐 **이**	堅 굳을 **견**	志 뜻 **지**
云 이를 **운**	箭 화살 **전**	喫 마실 **끽**
茶 차 **다**	飯 밥 **반**	

原文

순자왈 무용지변
荀子曰『無用之辯과
불급지찰 기이물치
不急之察을 棄而勿治하라』

直譯 순자 가로되, "쓸데없는 말과 급하지 아니한 일은 그만두고 다스리지 말라."

解說 하루를 여유 있고 편안히 보내려면 쓸데없는 논쟁에 말려들지 말고, 급하지 않은 일에 미리 걱정을 하지 말아야 한다.

註 순자(荀子:서기전 298~238): 전국(戰國)시대의 조(趙)나라 사람으로 이름은 황(況)이며, 성악설(性惡說)을 주장하였음. 저서로는 <순자>가 있다.

訓音讀

荀 풀 **순**	辯 말잘할 **변**	察 살필 **찰**
棄 버릴 **기**	治 다스릴 **치**	

原文

자왈 중 호지 필찰언
子曰『衆이 好之라도 必察焉하며
중 오지 필찰언
衆이 惡之라도 必察焉이니라』

直譯 공자 가로되, "뭇 사람이 좋아할지라도 반드시 살필 것이며, 뭇 사람이 미워할지라도 반드시 살필 것이니라."

解說 여러 사람이 미워하고 좋아한다고 해서 그 사람 됨됨이를 살펴보지 않는다면 편견에 사로잡힐 수가 있다.

訓音讀
衆 무리 **중** 好 좋을 **호** 察 살필 **찰**
焉 어조사 **언** 惡 미워할 **오**

原文

주 중 불 어 　 진 군 자
酒中不語는 眞君子요
재 상 분 명 　 대 장 부
財上分明은 大丈夫이니라』

直譯 술 취한 중에도 말이 없으면 참다운 군자요, 재물 거래에 분명함은 대장부니라.

解說 술에 취한 말에 실수하지 않는 것만으로도 인격을 갖춘 군자가 될 수 있다고 하는 것이다. 또 금전관계를 분명히 하면 호연지기를 갖춘 대장부라 할 수 있다.

訓音讀

酒 술 주　眞 참 진　財 재물 재
丈 어른 장　夫 사내 부

原文

만 사 종 관
萬事從寬이면
기 복 자 후
其福自厚이니라

直譯 모든 일에 너그러우면 그 복이 저절로 두터워 지느니라.

解說 인간은 완전하지 않기 때문에 서로 용서하며 살아야한다. 따라서 인류의 성인들은 '남의 단점을 감싸주고 서로 돕고 살라' 고 권하고 있다.

訓音讀

事 일 사 從 좇을 종 寬 너그러울 관
福 복 복 厚 두터울 후

原文

태공 왈 욕량타인 선수자량
太公이 曰『欲量他人인대 先須自量하라
상인지어 환시자상
傷人之語는 還是自傷이니
함혈분인 선오기구
含血噴人이면 先汚其口이니라』

直譯 태공이 가로되, "남을 저울질하려거든 먼저 자신을 저울질하라. 남을 상하게 하는 말은 도리어 스스로를 상하게 하는 짓이니, 피를 머금어 남에게 뿜으면 먼저 제 입이 더러워 지느니라."

解說 남을 헐뜯어 해치는 말은 도리어 자신을 해치니, 가령 피를 머금어 남에게 뿜으려고 들면 남을 더럽히기 전에 제 입부터 더러워지는 법이다.

訓音讀 欲 하고자할 **욕** 量 헤아릴 **량** 須 모름지기 **수**
噴 뿜을 **분** 汚 더러울 **오**

原 文

범희 무익
凡戲는 無益이오

유근 유공
惟勤이 有功이니라

直 譯 모든 놀이는 이로움이 없고 오직 부지런함만이 보람이 있느니라.

訓音讀 凡 무릇 **범** 戲 희롱할 **희** 惟 오직 **유**
勤 부지런할 **근** 功 공 **공**

原文

태공 왈 과전 불납리
太公이 曰『瓜田에 不納履하고
이하 부정관
李下에 不正冠이니라』

直譯 태공이 가로되, "남의 외밭을 지날 때는 신을 고쳐 신지 말것이요, 남의 오얏나무 아래에선 갓을 고쳐 쓰지 말것이니라."

解說 남의 오이밭에서 허리를 굽혀 신을 고쳐 신으면 몰래 오이를 따는 것으로 오해받기 십상이고, 남의 과수원의 과일나무 밑에서 손을 올려 갓 끈을 매면 과일을 따는 것으로 의심받기 쉽다.

오해나 의심받을 일은 아예 하지 말라는 말이다.

訓音讀 瓜 오이 **과** 田 밭 **전** 納 드릴 **납**
履 신 **리** 冠 갓 **관**

原 文

경행록 왈

景行錄에 曰

심가일 형불가불로

『心可逸이언정 形不可不勞요

도가락 심불가불우

道可樂이언정 心不可不憂니

형불로즉태타이폐

形不勞則怠惰易弊하고

심불우즉황음부정

心不憂則荒淫不定이라

고 일생어로이상휴

故로 逸生於勞而常休하고

낙생어우이무염

樂生於憂而無厭하나니

일락자 우로 기가망호

逸樂者는 憂勞를 豈可忘乎아』

直 譯 〈경행록〉에 가로되, "마음은 편할지언정 육신은 가히 일을 하지 아니할 수 없고, 도(道)는 즐거울지언정 마음은 가히 우환을 생각하지 않을 수 없나니 육신은 일을 하지 아니한 즉, 게을러져서

허물어지기 쉽고 마음은 우환을 생각하지 아니한즉, 주색에 빠져 행동이 일정치 못하는 고로 편안함은 수고로움에서 생겨야 항상 기쁠 수 있고, 즐거움은 근심하는데서 생겨야 싫증이 없나니 편안하고 즐거운 자가 근심과 수고로움을 어찌 잊겠느냐."

解 說 자기에게 주어진 운명의 그늘에서 너무 상시마지 말고, 그것 자체를 사랑하면서 사는 지혜도 필요하며, 일에 열중하는 순간 그것이 참된 행복이다.

訓音讀

逸 편안 **일**	憂 근심 **우**	怠 게으를 **태**
惰 게으를 **타**	弊 무너질 **폐**	淫 음란할 **음**
荒 거칠 **황**	常 떳떳할 **상**	休 쉴 **휴**
厭 싫을 **염**	豈 어찌 **기**	

原文

이 불 문 인 지 비 목 불 시 인 지 단
耳不聞人之非하고 目不視人之短하고
구 불 언 인 지 과 서 기 군 자
口不言人之過라야 庶幾君子이니라

直譯 귀로는 남의 그릇됨을 듣지 말고, 눈으로는 남의 결점을 보지 말고, 입으로는 남의 허물을 말하지 않아야만 이것이 군자이니라.

解說 귀로는 지혜로운 말을 듣고, 눈으로는 아름다움을 보고, 입으로는 사랑을 말하고, 코로는 맑은 공기를 마셔야 한다.

訓音讀 聞 들을 **문** 視 볼 **시** 過 허물 **과**
庶 뭇 **서** 幾 기미 **기**

原文

채 백 개 왈 희 노 재 심
蔡伯皆曰『喜怒는 在心하고
언 출 어 구 불 가 불 신
言出於口하나니 不可不愼이니라』

直譯 채백개 가로되, "기뻐하고 노여워하는 것은 마음에 있고 말은 입 밖으로 나가는 것이니 삼가지 아니할 수 없느니라."

解說 될 수 있는대로 감정 표현을 자제하고 말은 함부로 내지 말라는 말이다.

註 채백개(蔡伯皆): 후한(後漢) 때의 학자로 이름은 옹(邕), 자(字)는 백개이다. <채중랑전집(蔡中郞全集)>을 저술했다.

訓音讀 蔡 나라 **채** 伯 맏 **백** 喜 기쁠 **희**
於 어조사 **어** 愼 삼갈 **신**

原文

재 여 주 침　　　자 왈
宰予晝寢이어늘 子曰

후 목　　불 가 조 야
『朽木은 不可雕也요

분 토 지 장　　불 가 오 야
糞土之墻은 不可圬也이니라』

直譯 재여가 낮잠을 자거늘, 공자 가로되, "썩은 나무는 새길 수 없고, 더럽고 썩은 흙으로 쌓은 담은 흙손질을 할 수 없느니라."

正己篇

解說 제자들을 사회의 지도자로 키우고자 했던 공자는 제자 재여가 낮잠을 자자 그의 뜻과 노력 부족을 질타하면서 실망감을 감추지 못하고 크게 꾸짖는 말이다.

註 재여(宰予): 춘추(春秋)시대 노(魯)나라 사람으로 자(字)는 자아(子我), 재아(宰我)라고도 하며, 공자(孔子)의 제자 중 한 사람으로 말 솜씨가 뛰어났다.

訓音讀

宰 재상 **재**	予 나 **여**	晝 낮 **주**
寢 잠잘 **침**	朽 썩을 **후**	

原文

자허원군성유심문 왈
紫虛元君誠諭心文에 曰

복생어청검 덕생어비퇴
『福生於淸儉하고 德生於卑退하고

도생어안정 명생어화창
道生於安靜하고 命生於和暢하고

우생어다욕 화생어다탐
憂生於多慾하고 禍生於多貪하고

과생어경만 죄생어불인
過生於輕慢하고 罪生於不仁이니

계안막간타비 계구막담타단
戒眼莫看他非하고 戒口莫談他短하고

계심막자탐진 계신막수악반
戒心莫自貪嗔하고 戒身莫隨惡伴하고

무익지언 막망설 불간기사
無益之言을 莫妄說하고 不干己事를

막망위 존군왕효부모
莫妄爲하고 尊君王孝父母하며

경존장봉유덕 별현우서무식
敬尊長奉有德하고 別賢愚恕無識하고

물 순 래 이 물 거　　물 기 거 이 물 추
物順來而勿拒하며 物旣去而勿追하고

신 미 우 이 물 망　　사 이 과 이 물 사
身未遇而勿望하며 事已過而勿思하라

총 명　다 암 매　산 계　실 편 의
聰明도 多暗昧요 算計도 失便宜니라

손 인 종 자 실　　의 세 화 상 수
損人終自失이오 依勢禍相隨라

계 지 재 심　　수 지 재 기
戒之在心하고 守之在氣라

위 부 절 이 망 가　　인 불 렴 이 실 위
爲不節而亡家하고 因不廉而失位니라

권 군 자 경 어 평 생　　가 탄 가 경 이 가 외
勸君自警於平生하나니 可歎可驚而可畏

상 임 지 이 천 감　　하 찰 지 이 지 기
니라 上臨之以天鑑하고 下察之以地祇라

명 유 왕 법 상 계　　암 유 귀 신 상 수
明有王法相繼하고 暗有鬼神相隨라

유 정 가 수　심 불 가 기　계 지 계 지
惟正可守요 心不可欺니 戒之戒之하라』

直 譯 자허원군 성유심문에 가로되, "복은 깨끗하고 검소한데서 생기고, 덕은 몸을 낮추고 겸손한데서 생기고, 도는 편안하고 고요한데서 생기고, 천명은 화창(和暢:마음씨가 부드럽고 밝음)한데서 생기고, 근심은 욕심이 많은데서 생기고, 재앙은 탐욕을 많이 내는데서 생기고, 잘못은 경솔하고 교만한데서 생기고, 죄악은 어질지 못한데서 생기는 것이니, 눈을 경계하여 다른 사람의 그릇됨을 보지 말고, 입을 경계하여 다른 사람의 잘못을 말하지 말고, 자기에게 관계 없는 일은 간섭하지 말고, 임금을 높이 공경하고 부모에게 효도하며, 웃지 못하는 것을 꾸짖지 말고, 모든 일은 순리(順理)로 오거든 물리치지 말고, 이미 지났거든 쫓지 말고, 몸이 불우(不遇)에 처했더라도 억지로 바라지 말고, 일이 이미 지나갔거든 생각하지 말라. 총명한 사람도 때로는 어리석을 때가 있고 계획을 잘 세워 놓았더라도 편의(便宜:편리하고 마땅함)를 잃느니라. 남을 손상하면 자기의 허물이요, 권세에 의뢰함은 화가 서로 따르느니라. 경계하는 것은 마음에 있고, 지키는 것은 기운에 있느니라. 절약하지 않으면 집을 망치고, 청렴하지 않음으로써 지위(地位)를 잃느니라. 그대에게 평생을 두고 스스로 경계하기를 권하노니, 가히 놀랍게 여겨 경계하고 두려워하라. 위에는 하늘의 살핌이 있고 아래로는 땅의 신령이 살피고 있는지라. 밝은 이 세상에는 임금의 법이 서로 계승되

고, 어두운 저 세상에는 귀신이 따라 다닌다. 오직 바른 것을 지키고 마음을 속이지 말 것이니, 경계하고 경계할 것이니라."

註 자허원군(紫虛元君): 도가(道家)에 속하나 이름과 연대가 분명하지 않다.

訓音讀

虛 빌 **허**	紫 붉을 **자**	安 편안 **안**
諭 고할 **유**	暗 어둘 **암**	警 경계할 **경**
守 지킬 **수**	欺 속일 **기**	卑 낮을 **비**
暢 화창할 **창**	慢 업신여길 **만**	隨 따를 **수**
伴 짝 **반**	妄 망녕될 **망**	恕 용서할 **서**
識 알 **식**	拒 막을 **거**	追 쫓을 **추**
遇 만날 **우**	望 바랄 **망**	儉 검소할 **검**

분수를 지키는 것을 가르치는 글

자신의 분수를 지켜 편안한 마음을 갖자는 글이다. 헛된 명리(名利)를 좇아 자신의 본분(本分)마저 잊어버리는 행동을 하지 않도록 권고하고 있다.

原文

경 행 록 운
景行錄에 云

지 족 가 락 무 탐 즉 우
『知足可樂이오 務貪則憂니라』

直譯 〈경행록〉에 이르기를, "족할 줄 알면 가히 즐거울 것이요, 탐욕에 힘쓰면 곧 근심이 있느니라.

解說 작은 행복에도 늘 감사하며, 그 행복에 만족할 줄 알면 즐거울 것이요, 지나친 욕심에 집착하면 늘 근심에서 헤어날 수 없다는 말이다.

訓音讀
錄 기록할 **록** 樂 즐거울 **락** 務 힘쓸 **무**
貪 탐낼 **탐** 憂 근심 **우**

原文

지 족 자 　 빈 천 역 락
知足者는 貧賤亦樂이오
부 지 족 자 　 부 귀 역 우
不知足者는 富貴亦憂니라

直譯 만족함을 아는 사람은 가난하고 천하여도 역시 즐겁고, 만족함을 알지 못하는 사람은 부(富)하고 귀(貴)하여도 또한 근심하느니라.

解說 만족의 한계는 자신이 처한 환경에 있지 않고 자신의 마음에 있다. 즉, 자신의 마음을 만족하게끔 생각하는 것이 중요하다는 말이다.

訓音讀

貧 가난 **빈**　賤 천할 **천**　富 부자 **부**
貴 귀할 **귀**　憂 근심 **우**

原文

남상　　도상신
濫想은 徒傷神이오
망동　　반치화
妄動은 反致禍니라

直譯 쓸데 없는 생각은 다만 정신을 상할 뿐이요, 분수 없이 망령된 행동은 도리어 화를 이루니라.

解說 현실을 고려하지 않은 생각과 행동은 자신의 몸만 망칠 수 있다는 말이다.

訓音讀
濫 넘칠 **람**　徒 무리 **도**　傷 상할 **상**
妄 망령될 **망**　動 움직일 **동**

原文

지족상족　　　　종신불욕
知足常足이면 終身不辱하고
지지상지　　　종신무치
知止常止면 終身無恥니라

直譯 넉넉한 줄을 알고 항상 만족하면 종신토록 욕되지 아니하고, 그칠줄을 알고 항상 그치면 종신토록 부끄러움이 없느니라.

解說 사람이 제 분수를 알아서 만족할 줄 알면 일생동안 욕됨이 없을 것이요, 또 제 능력의 한계를 알아서 멈출 줄 알면 일생동안 부끄러움이 없을 것이다.

訓音讀 終 마칠 **종**　身 몸 **신**　辱 욕될 **욕**
無 없을 **무**　恥 부끄러울 **치**

原文

서 왈
書에 曰

만 초 순 겸 수 익
『滿招損하고 謙受益이니라』

直譯 서경에 가로되, "가득한 것은 손실을 부르고 겸손하면 이익을 받느니라."

解說 겸손해서 가장 이익을 보는 사람은 겸손하게 행동을 한 그 사람이다. 겸손하고 또 겸손하라는 말이다.

註 서경(書經): 삼경의 하나로 중국 요순(堯舜)때부터 주(周)나라 때까지 정사에 관한 문서를 공자가 수집하여 편찬한 책으로 후에 송(宋)나라의 채침(蔡沈)이 해설한 것을 서전(書傳)이라고 하며 20권 58편이다.

訓音讀
滿 가득할 **만** 招 부를 **초** 損 덜 **손**
謙 겸손 **겸** 益 더할 **익**

原文

안 분 음　　왈
安分吟에 曰

안 분 신 무 욕　　　지 기 심 자 한
『安分身無辱이오 知機心自閑이니

수 거 인 세 상　　　각 시 출 인 간
雖居人世上이나 却是出人間이니라』

直譯 안분음에 가로되, "편안한 마음으로 분수를 지키면 몸에 욕됨이 없을 것이요, 세상 돌아가는 형편을 잘 알면 마음이 스스로 한가하나니 비록 인간 세상에 살지라도 도리어 인간 세상에서 벗어난 것이니라."

解說 자기 분수에 만족하면 일신상에 욕됨이 없고, 세상과 하늘의 섭리를 알면 초조하거나 걱정이 없다. 이러한 경지에 이르면 탐욕에 눈이 어두운 인간 세상을 벗어날 수 있다.

註 안분음(安分吟): 송(宋)나라 때의 안분시(安分詩)을 말하며 지은이를 알 수 없다.

訓音讀

吟 읊을 **음**	辱 욕될 **욕**	譏 틀 **기**
閑 한가할 **한**	却 물리칠 **각**	

原文

자 왈
子曰

부 재 기 위 불 모 기 정
『不在其位하여든 不謀其政이니라』

直譯 공자 가로되, "그 지위에 있지 않으면 그 정사를 꾀하지 않는다."

解說 제 일은 소홀히 하고 공연히 남의 일에 간섭해서는 안 된다는 뜻이다.

訓音讀 在 있을 **재** 其 그 **기** 位 자리 **위**
謀 꾀할 **모** 政 정사 **정**

마음을 보존하는 것을 가르치는 글

양심에 대한 인간의 자유의지와 선하고 진실된 특성에 관한 글이다. 개인의 올바른 수양과 처세에 대한 아름답고 감동적인 문장들이 많다. 올바른 양심, 충과 효에 대한 분명한 정의 등이 존심편 전체를 이루고 있다. 존심편은 자기수양이라는 측면에서 더욱 소중하다 하겠다.

原文

경행록 운 좌밀실 여통구
景行錄에 云『坐密室을 如通衢하고

여촌심 여육마 가면과
如寸心을 如六馬하면 可免過니라』

直譯 〈경행록〉에 이르기를, "밀실에 앉았다 할지라도 마치 네거리에 앉은 것처럼 하고, 작은 마음을 제어하기를 여섯 필의 말을 부리듯 하면 가히 허물을 면하니라."

解說 아무도 보지 않고 간섭하지 않는다고 해서 함부로 비행을 저지른다거나, 아무도 관심을 두지 않는다고 해서 아무렇게나 행동해서는 안 된다는 가르침이다.

訓音讀 坐 앉을 **좌** 密 빽빽할 **밀** 通 통할 **통**
衢 거리 **구** 馭 말부릴 **어**

原文

격양시　운　부귀　여장지역구
擊壤時에 云『富貴를 如將智力求인대

중니　연소합봉후　세인　불해청천
仲尼도 年少合封侯라 世人은 不解青天

의　공사신심반야수
意하고 空使身心半夜愁이니라』

直譯 〈격양시〉에 이르기를, "부귀를 지혜와 힘으로 구할 수 있는 것이라면 중니(공자)도 젊은 나이에 마땅히 제후(諸侯)에 봉해졌을 것이니라. 세상 사람들은 푸른 하늘의 뜻을 알지 못하고 헛되이 몸과 마음으로 하여금 한밤중에 근심하게 하느니라."

解說 부귀가 지력으로만 얻어지리라고 믿지 말라. 만약 부귀를 지력으로만 구할 수 있다면 공자같은 이는 젊은 나이에 의당 제후에 봉해졌을 것이다. 세상 사람은 운명이 있음을 알지 못하고서 헛되이 몸과 마음을 녹이며 한밤중에 시름겨워한다는 말이다.

註 격양시(擊壤時): 송(宋)나라 소옹(邵雍)이 지은 이천격양시집(伊川擊壤詩集)에 있는 시로 20권으로 되어 있다.

訓音讀

擊 칠 **격**	壤 흙덩이 **양**	詩 시 **시**
尼 여승 **니**	封 봉할 **봉**	解 풀 **해**
使 하여금 **사**	夜 밤 **야**	

原文

범충선공 계자제왈
范忠宣公이 戒子弟曰

인수지우 책인즉명
『人雖至愚나 責人則明하고

수유총명 서기즉혼
雖有聰明이나 恕己則昏이니

이조 단당이책인지심
爾曹는 但當以責人之心으로

책기 서기지심
責己하고 恕己之心으로

서인즉불환부도성현지위야
恕人則不患不到聖賢地位也이니라』

直譯 범충선공이 아들을 훈계하여 말하기를, "비록 지극히 어리석은 사람일지라도 남을 꾸짖는 것은 밝고, 비록 총명할지라도 자기를 용서함에는 어두우니 너희들은 마땅히 남을 꾸짖는 마음으로써 자기를 꾸짖고 자기를 용서하는 마음으로써 남을 용서한다면 성현(聖賢)의 경지에 이르지 못한 것을 근심할 것이 없느니라."

解 說 입장을 바꿔서 생각해 보라는 말로서, 모두가 자신보다는 상대방의 입장에서 생각하라는 교훈이다. 그러면 멀게만 보이는 성현의 경지로 나아갈수 있음을 강조하고 있다.

註 범충선(范忠宣): 중국 북송(北宋) 때의 재상으로 이름은 순인(純仁), 시호는 충선(忠宣)으로 지극히 효성스러웠으며 인종(仁宗) 때의 명신 범중암(范仲庵)의 둘째 아들이다.

訓音讀

范 성 **범**	忠 충성 **충**	宣 펼 **선**
戒 경계 **계**	愚 어리석을 **우**	責 책할 **책**
爾 너 **이**	曹 무리 **조**	但 다만 **단**
患 근심 **환**	聖 성인 **성**	賢 어질 **현**

原文

자 왈 총 명 사 예 수 지 이 우
子曰『聰明思睿라도 守之以愚하고

공 피 천 하 수 지 이 양
功被天下도 守之以讓하고

용 력 진 세 수 지 이 겁
勇力振世라도 守之以怯하고

부 유 사 해 수 지 이 겸
富有四海라도 守之以謙이니라』

直譯 공자 가로되, "총명하고 생각함이 뛰어날지라도 어리석은 체 하여야하고, 공적이 천하를 뒤덮을 지라도 사양하는 마음으로써 이를 지켜야하고, 용맹이 세상을 떨칠지라도 무서워 하는 마음로써 이를 지켜야하고, 부유함이 사해에 있을 지라도 겸손으로써 지켜야 하느니라."

解說 물은 높고 깨끗한 곳에 있으려고 하지 않고 항상 낮은 곳으로 흐른다. 사람들이 물의 성질을 본받아 좀더 겸손해 진다면 세상은 더욱 아름다워질 것이다.

註 사해: 온 천하, [佛] 수미산의 사방에 있는 큰 바다

訓音讀

思 생각 **사**	被 입을 **피**	勇 날랠 **용**
振 떨칠 **진**	怯 겁낼 **겁**	謙 겸손할 **겸**

原文

소서　　운　박시후망자　　불보
素書에 云『薄施厚望者는 不報하고
귀이망천자　　불구
貴而忘賤者는 不久니라』

直譯 〈소서〉에 이르기를, "박하게 베풀고 후한 것을 바라는 자에게는 보답이 없고, 몸이 귀하게 돼서 천했던 때를 잊는 자는 오래 계속하지 못하느니라."

解說 박하게 베풀고서 후하게 바라는 이에게는 보답이 없고, 귀하게 되고 나서 천하던 때를 잊는 이는 결코 오래가지 못한다는 말이다.

註 소서(素書): 한(漢)나라 때의 황석공(黃石公)이 지은 책으로 그 후 송(宋)나라의 장상영(張商英)이 주(柱)를 달아 펴낸 병서이다.

訓音讀
素 흴 **소**　　薄 얇을 **박**　　厚 두터울 **후**
望 바랄 **망**　　賤 천할 **천**

原文

시 은 물 구 보
施恩勿求報하고

여 인 물 추 회
與人勿追悔하라

直　譯 은혜를 베풀거든 그 보답을 받을 것을 생각하지 말고, 남에게 주었거든 후에 뉘우치지 말지니라.

解　說 남에게 은혜를 베푸는 일은 그리 어려운 일이 아니다. 마음 속으로 그 보답을 바라지 않는 것이 참으로 어려운 일이다. 그런데 하늘은 보답을 바라지 않는 이에게는 복을 주시고, 보답을 바라는 이는 돌아보지 않는다.

訓音讀

施 베풀 **시**　　恩 은혜 **은**　　與 줄 **여**
追 따를 **추**　　悔 뉘우칠 **회**

原文

손사막 왈 담욕대이심욕소
孫思邈에 曰『膽欲大而心欲小하고
지욕원이행욕방
知欲圓而行欲方이니라』

直譯 손사막이 가로되, "담력은 크게 갖되 마음가짐은 작게 하고, 지혜는 원만함을 바라되 행동은 방정토록 바라야 하느니라."

解說 어떠한 상황 변화에도 놀라지 말고 의연하게 대처하며 대인관계에서는 섬세하게 상대방을 배려하여야 한다. 또한 학문을 닦아 지혜를 익힘에는 원처럼 둥글고 폭넓게 접근해야 하지만 행실은 네모처럼 반듯하지 않으면 안된다.

註 손사막(孫思邈): 당(唐)나라 때의 학자. 노자사상, 음양, 의술에 두루 능했다. 저서로는 천금방(千金方)이 있다.

訓音讀 孫 손자 **손** 邈 멀 **막** 膽 쓸개 **담**
欲 하고자할 **욕** 圓 둥글 **원**

原文

염 념 요 여 임 전 일
念念要如臨戰日하고
심 심 상 사 과 교 시
心心常似過橋時니라

直譯 생각하는 것을 매일 싸움터에 나아가는 것 같이 하고, 마음은 항상 다리를 건너는 때와 같이 해야 하느니라.

解說 아주 작은 판단의 잘못으로 불행의 나락으로 떨어질 수 있으므로 전쟁터에 나가는 심정으로 거듭 생각하여 결정할 일이다. 또, 늘 마음을 다잡아 외나무를 건너듯 조심조심 방심하지 말고 올바르게 살도록 노력해야 한다.

訓音讀 念 생각 **념** 要 요긴할 **요** 臨 임할 **임(림)**
戰 싸울 **전** 橋 다리 **교**

原文

구 법 조 조 락
懼法朝朝樂이오
기 공 일 일 우
欺公日日憂니라

直譯 법을 두려워하면 언제나 즐거울 것이요, 나랏일을 속이면 날바다 근심이 되느니라.

解說 법을 두려워하여 죄를 짓지 않고 살면 아침마다 새날이 즐겁고, 공인이 떳떳하면 그 임무 수행에 거리낌이 없을 것이다.

訓音讀

懼 두려워할 구　朝 아침 조　樂 즐거울 락
欺 속일 기　憂 근심 우

原文

주 문 공　　왈
朱文公이 曰

수 구 여 병　　　방 의 여 성
『守口如甁하고 防意如城하라』

直譯 주문공이 가로되 "입을 지키는 것을 병과 같이 하고, 뜻을 막기를 성을 지키는 것 같이 하라."

解說 한 번 입에서 나온 말은 주워담을 수 없다. 그러므로 말은 신중히 해야 한다. 또, 쓸데 없는 욕망과 불순한 의도는 접근하지 못하도록 마음에 굳건한 성을 쌓아 아예 처음부터 막아야 한다.

訓音讀

守 지킬 **수**　　甁 병 **병**　　防 막을 **방**
意 뜻 **의**　　城 성 **성**

原文

심 불 부 인
心不負人이면
면 무 참 색
面無慙色이니라

直譯 마음이 남에게 부끄러움이 없으면 얼굴은 부끄러운 기색이 없느니라.

解說 겉과 속을 한결 같이 하여 부끄러운 일이 없도록 하라는 것이다.

訓音讀 負 질 **부** 面 낯 **면** 無 없을 **무**
慙 부끄러울 **참** 色 빛 **색**

原文

인 무 백 세 인
人無百歲人이나
왕 작 천 년 계
枉作千年計니라

直譯 사람은 백살을 사는 사람이 없건만 부질없이 천년의 계교를 짓느니라.

解說 백년을 살기도 어려운데 천년의 계획을 세우고 제 욕심을 채우고자 물불을 가리지 않는 것은 부질없다는 것이다.

訓音讀 歲 해 **세**　枉 굽을·헛될 **왕**　作 지을 **작**
年 해 **년**　計 꾀 **계**

原文

구래공육회명 운
寇萊公六悔銘에 云

관행사곡실시회 부불검용빈시회
『官行私曲失時悔요 富不儉用貧時悔요

예불소학과시회 견사불학용시회
藝不少學過時悔요 見事不學用時悔요

취후광언성시회 안부장식병시회
醉後狂言醒時悔요 安不將息病時悔니

라』

直譯 구래공〈육회명〉에 이르기를, "벼슬아치가 사사로운 일을 행하면 벼슬을 잃었을 때 뉘우치게 되고, 부유했을 때 검소하지 아니하면 가난해졌을 때 뉘우칠 것이요, 기술은 젊었을 때 배우지 아니하면 때가 지났을 때 후회하게 되고, 일을 보고 배우지 아니하면 필요할 때에 뉘우칠 것이요, 취한 뒤의 망언은 술이 깨어서 뉘우칠 것이요, 건강할 때에 몸조심하지 아니하면 병들었을 때 뉘우칠 것이니라."

解說 인간은 실수와 후회를 거듭하면서 살아가기 마련이다. 그러나 후회해서는 안 될 일이 있다. 즉, 공인으로서의 직장생활, 배움의 시기, 음주 후의 망언, 건강을 지키는 일과 같은 것은 돌이킬 수 없는 불행을 가져올 수 있다.

訓音讀

寇 도둑 **구**	萊 명아주 **래**	悔 뉘우칠 **회**
銘 새길 **명**	藝 재주 **예**	醉 취할 **취**
狂 미칠 **광**	醒 깰 **성**	

原文

益智書에 云『寧無事而家貧이언정 莫有事而家富요 寧無事而住茅屋이언정 不有事而住金屋이요 寧無病而食麤飯이언정 不有病而服良藥이니라』

(익지서 운 영무사이가빈 막유사이가부 영무사이주모옥 불유사이주금옥 영무병이식추반 불유병이복양약)

直譯 〈익지서〉에 이르기를, "아무 걱정없고 집이 가난할지언정 걱정있는 부자집이 되지 말것이요, 아무 걱정없이 모옥(이엉이나 띠 따위로 이은 조그마한 집)에 살지언정 걱정있으면서 좋은 집에서 살지 말 것이요, 차라리 병없이 거친 밥을 먹을지언정 병이 있어 좋은 약을 먹지 말것이니라."

註 모옥(茅屋): 띳집, 초가
금옥(金屋): 화려한 집

訓音讀

智 슬기 **지**	寧 편안할 **녕**	莫 말 **막**
住 살 **주**	茅 띠 **모**	屋 집 **옥**
病 병들 **병**	飯 밥 **반**	服 옷 **복**
藥 약 **약**		

原文

심 안 모 옥 온
心安茅屋穩이요
성 정 채 갱 향
性定菜羹香이니라

直譯 마음이 편안하면 오두막 집도 안락할 것이요, 타고난 본성이 어질면 나물국도 향기롭다.

解說 풀로 엮은 허름한 오막살이집에 살아도 마음을 편안하게 가지면 오히려 안락할 수 있고, 수양을 쌓아 성품이 안정되면 나물국도 향기로울 수 있다는 것이다.

訓音讀
穩 편안할 **온**　性 성품 **성**　菜 나물 **채**
羹 국 **갱**　香 향기 **향**

原文

경행록 운 책인자 부전교
景行錄에 云『責人自는 不全交요

자서자 불개과
自恕者는 不改過니라』

直譯 〈경행록〉에 이르기를, "남을 꾸짖는 자는 사귀지 못할 것이요, 스스로 용서하는 자는 허물을 고치지 못하니라."

解說 남을 꾸짖기를 좋아하고, 잘못을 남에게 떠넘기기를 잘하는 사람은 이 사회에서 발붙일 곳이 없다. 또 스스로의 잘못을 잘 인정하려 들지 않고 자기 합리화를 잘하는 사람은 이 사회가 구제할 수 없는 문제 인물이 되고 만다는 것이다.

訓音讀

責 꾸짖을 **책** 交 사귈 **교** 恕 용서 **서**
改 고칠 **개** 過 허물 **과**

原文

숙 흥 야 매 소 사 충 효 자
夙興夜寐하여 所思忠孝者는

인 부 지 천 필 지 지
人不知나 天必知之요

포 식 난 의 이 연 자 위 자
飽食暖衣하여 怡然自衛者는

신 수 안 기 여 자 손 하
身雖安이나 其如子孫에 何오

直譯 아침에 일찍 일어나서부터 밤에 잠들 때까지 충효를 생각하는 자는 남들이 알지 못하나 하늘이 반드시 이를 알 것이요, 배불리 먹고 따뜻하게 입고 제 몸만 힘써 지키는 자는 몸은 비록 편안하나 그 자손은 어찌할 것이요.

解說 사람이 지극히 성실하면 하늘도 감동한다는 것이다.

訓音讀

夙 일찍 **숙**	興 흥할 **흥**	飽 배부를 **포**
煖 따뜻할 **난**	怡 기쁠 **이**	衛 지킬 **위**

原文

이 애 처 자 지 심　　사 친 즉 곡 진 기 효
以愛妻子之心으로 事親則曲盡其孝요
이 보 부 귀 지 심　　봉 군 즉 무 왕 불 충
以保富貴之心으로 奉君則無往不忠이요
이 책 인 지 심　　책 기 즉 과 과
以責人之心으로 責己則寡過요
이 서 기 지 심　　서 인 즉 전 교
以恕己之心으로 恕人則全交니라

直譯 처자(妻子)를 사랑하는 마음으로써 어버이를 섬긴다면 그 효도는 곡진할 것이요, 부귀를 보전하려는 마음으로써 임금을 받든다면 그 어느 때나 충성이 아니됨이 없을 것이요, 남을 꾸짖는 마음으로써 자기를 꾸짖는다면 허물이 적을 것이요, 자기를 용서하는 마음으로써 남을 용서한다면 온전히 사귐을 할 수 있느니라.

解說 아내와 자식을 사랑하는 마음으로 부모에게 효도하고, 자신의 재산과 지위를 지키는 마음으로 국가(임금)에 충성하라는 것이다. 또 남의 잘못을 꾸짖는 마음으로 자신의 잘못을 호되게 꾸짖으면 허물이 적을 것이요, 자기 자

신을 용서하는 마음으로 남의 잘못을 너그러이 이해해 준다면 다른 사람과 사귐을 온전히 할 수 있다는 것이다.

註 곡진(曲盡): 마음과 정성을 다함.

訓音讀

愛 사랑 **애**	親 친할 **친**	盡 다할 **진**
奉 받들 **봉**	責 꾸짖을 **책**	寡 적을 **과**
全 온전할 **전**		

原文

이 모 부 장　　　회 지 하 급
爾謀不藏이면 悔之何及이며
이 견 부 장　　　교 지 하 익
爾見不長이면 教之何益이리오
이 심 전 즉 배 도　　사 의 확 즉 멸 공
利心專則背道요 私意確則滅公이니라

直譯 너의 꾀함이 옳지 못하면 후회한들 어찌 되며, 너의 보는 것이 뛰어나지 못하면 가르친들 무슨 이로운 바 있으리오. 자기의 이익만 생각하면 오로지 도(道)에 어그러지고, 사사로운 일을 위하는 뜻이 굳으면 큰 일을 다하지 못하느니라.

解說 사람은 기본적으로 생각이 곧아야 도모하는 일이 바르고, 그를 훌륭하게 가르칠 수 있는 것이다. 또 자기 이익에만 매달리면 도를 해치고 자기 사사로운 뜻에 집착하면 여러사람에게 외면당한다. 그러므로 정도를 걸으며 사보다 공을 앞세우고 살아야 한다는 것이다.

訓音讀

爾 너 **이**	謀 꾀 **모**	藏 감출 **장**
教 가르칠 **교**	專 오로지 **전**	背 등 **배**

原文

생 사 사 생
生事事生이오
생 사 사 생
省事事省이니라

直譯 일은 만들어 하면 일이 생기고, 일을 덜면 없어지느니라.

解說 목표가 높은 것은 좋지만 실현 불가능한 목표는 오히려 우리를 무력하게 만든다는 것이다.

訓音讀 生 날 생　事 일 사　省 덜 생

자기의 인격을 닦는 것을 가르치는 글

성선설을 전제한 글이다. 하늘로부터 부여받은 본연의 선한 성품을 온전히 보존하여, 악에 물들지 말라는 것이다. 특히 강조되고 있는 것은 선을 해치는 방종과 격정, 그리고 분노를 참을 때 인간은 하늘로부터 부여받은 참된 본성을 지킬 수 있다는 간절한 가르침이다.

原文

경행록 운 인성 여수
景行錄에 云『人生이 如水하야

수일경즉불가복 성일종즉불가반
水一傾則不可復이오 性一縱則不可反이

제수자 필이제방
니 制水者는 必以提防하고

제성자 필이예법
制性者는 必以禮法이니라』

直譯 〈경행록〉에 이르기를, "사람의 성품은 물과 같아서 물이 한 번 기울어지면 돌이킬 수 없고 성품이 한 번 방종해지면 바로 잡을 수 없을 것이니, 물을 막으려면 반드시 제방을 쌓음으로써 되고 성품을 옳게 하려면 예법으로써 하느니라."

解說 사람의 성품은 물과 같아서 한 번 방종해지면 강둑이 무너지는 것 같이 걷잡을 수 없게 되며, 그 거대한 강물의 흐름을 바꾸기 위해서는 제방이 필요하듯 예로써 인간의 본성을 찾고, 사회적 규범인 법도로써 스스로를 단단히 단속하지 않으면 안 된다는 것이다.

訓音讀

傾 기울어질 **경** 復 회복할 **복** 縱 세로놓을 **종**
堤 둑 **제** 防 막을 **방** 制 억제할 **제**

原文

인 일 시 지 분
忍一時之忿이면
면 백 일 지 우
免百日之憂이니라

直譯 한 때의 분함을 참으면 백 날의 근심을 면할 수 있느니라.

解說 분노는 파괴적 감정이므로 다른 사람이 아닌 자기 자신을 태우는 불길이다. 그러므로 거듭 참을 일이다.

訓音讀 忍 참을 **인** 時 때 **시** 忿 분할 **분**
免 면할 **면** 憂 근심 **우**

原文

득인차인 득계차계
得忍且忍이오 得戒且戒하라
불인불계 소사성대
不忍不戒면 小事成大니라

直譯 참을 수 있거든 참을 것이오, 경계할 수 있거든 경계하라. 참지 못하고 경계하지 않으면 작은 일이 크게 되느니라.

解說 참을 수 있는 데까지 참고, 경계할 수 있는 데까지 경계하여 작은 일을 크게 만들지 말아야 한다는 것이다.

訓音讀 得 얻을 **득** 忍 참을 **인** 戒 경계할 **계**
事 일 **사** 成 이룰 **성**

原文

우탁생진노 개인리불통
愚濁生嗔怒는 皆因理不通이라

휴첨심상화 지작이변풍
休添心上火하고 只作耳邊風하라

장단 가가유 염량 처처동
長短은 家家有요 炎凉은 處處同이라

시비무상실 구경총성공
是非無相實하여 究竟摠成空이니라

直譯 어리석고 똑똑하지 못한 자가 성을 내는 것은 다 이치를 알지 못하기 때문이다. 마음 위에 화를 더하지 말고 다만 귓전을 스치는 바람결로 여겨라. 장점과 단점은 집집마다 있고, 따뜻하고 싸늘한 것은 곳곳이 같으니라. 옳고 그름이란 본래 실상(實相)이 없어서 마침내는 모두가 빈 것이 되느니라.

訓音讀

濁 흐릴 **탁** 嗔 성낼 **진** 通 통할 **통**
添 더할 **첨** 邊 가 **변** 炎 불꽃 **염**
究 궁구할 **구** 摠 다 **총**

原文

자장 욕행 사어부자
子張이 欲行에 辭於夫子할새

원사일언위수신지미
願賜一言爲修身之美하나이다

자왈 백행지본 인지위상
子曰『百行之本이 忍之爲上이니라』

자장 왈 하위인지
子張이 曰『何爲忍之닛고』

자왈 천자인지 국무해
子曰『天子忍之면 國無害하고

제후인지 성기대 관리인지
諸侯忍之면 成其大하고 官吏忍之면

진기위 형제인지 가부귀
進其位하고 兄弟忍之면 家富貴하고

부처인지 종기세 붕우인지
夫妻忍之면 終其世하고 朋友忍之면

명불폐 자신인지 무화해
名不廢하고 自身忍之면 無禍害니라』

直譯 자장이 떠나고자 공자께 하직을 고하면서 말하기를 "몸을 닦는 가장 좋은 길을 말씀해 주시길 원

합니다." 공자가 말하기를 "모든 행실의 근본은 참는 것이 그 으뜸이 되느니라." 자장이 말하기를, "참으면 어찌 되나이까?" 공자가 말하기를, "천자가 참으면 나라에 해가 없고, 제후가 참으면 큰 나라를 이룩하고, 벼슬아치가 참으면 그 지위가 올라가고, 형제가 참으면 집안이 부귀하고, 부부가 참으면 일생을 해로할 수 있고, 친구끼리 참으면 이름이 깎이지 않고, 자신이 참으면 재앙이 없느니라."

解 說 참는 것은 국가, 사회, 개인 모두에게 번영과 행복을 가져다 준다는 것이다.

註 자장(子張): 성은 전손(顓孫), 이름은 사(師), 자장은 그의 자(字)이며 공자의 제자로 말솜씨가 뛰어났다.

訓音讀

辭 하직할 **사**	賜 줄 **사**	害 해할 **해**
侯 제후 **후**	吏 아전 **리**	位 벼슬 **위**
妻 아내 **처**	朋 벗 **붕**	廢 폐할 **폐**

原文

자장　왈　불인즉여하

子張이 曰『不忍則如何닛고』

자왈　천자불인　국공허

子曰『天字不忍이면 國空虛하고

제후불인　상기구

諸侯不忍이면 喪其軀하고

관리불인　형법주

管吏不忍이면 刑法誅하고

형제불인　각분거

兄弟不忍이면 各分居하고

부처불인　영자고

夫妻不忍이면 令子孤하고

붕우불인　정의소

朋友不忍이면 情意疏하고

자신　불인　환부제

自身이 不忍이면 患不除니라』

자장왈　선재선재　난인난인

子張曰『善哉善哉라 難忍難忍이여

비인불인　불인비인

非人不忍이요 不忍非人이로다』

直譯 자장이 물었다. "참지 않으면 어떻게 됩니까?" 공자가 말하기를, "천자가 참지 않으면 나라가 공허(空虛)하게 되고, 제후가 참지 않으면 그 몸을 잃어버리고 벼슬아치가 참지 않으면 형법(刑法)에 의하여 죽게 되고 형제가 참지 않으면 자식을 외롭게 하고, 친구끼리 참지 않으면 정과 뜻이 서로 갈리고, 자신이 참지 않으면 근심이 덜어지지 않느니라." 자장이 말하기를, "참으로 좋고도 좋으신 말씀이로다. 아아 참는 것은 정말로 어렵도다. 사람이 아니면 참지 못할 것이오. 참지 못할 것 같으면 사람이 아니로다."고 하셨다.

解說 참지 못했을 경우 그 결과의 심각성을 이야기하는 것이다.

訓音讀

張 베풀 **장**	國 나라 **국**	空 빌 **공**
虛 빌 **허**	諸 모든 **제**	喪 상복입을 **상**
軀 몸 **구**	誅 베힐 **주**	孤 외로울 **고**
疎 성길 **소**	除 제할 **제**	非 아닐 **비**

原文

경행록 운 굴기자 능처중
景行錄에 云『屈己者는 能處重하고
호승자 필우적
好勝者는 必遇敵이니라』

直譯 〈경행록〉에 이르기를, "자기를 굽히는 자는 중요한 지위에 처할 수 있으며, 이기기를 좋아하는 자는 반드시 적(敵)을 만나느니라."고 하였다.

解說 교만하지 않고 자기를 굽힐 줄 아는 사람만이 중요한 지위에 처할 수 있고, 이기기를 좋아하는 사람은 그로 인해 반드시 적을 만들게 된다. 따라서 스스로를 낮추고 양보하는 생활이 필요하다는 것이다.

訓音讀

屈 굽힐 굴 處 곳 처 勝 이길 승
遇 만날 우 敵 원수 적

原文

악인 매선인 선인 총부대
惡人이 罵善人커든 善人은 摠不對하라
부대 심청한 매자 구열비
不對는 心淸閑이오 罵者는 口熱沸니라
정여인타천 환종기신추
正如人唾天하여 還從己身墜니라

直譯 악한 사람이 착한 사람을 꾸짖거든 착한 사람은 전연 대꾸하지 말라. 대꾸하지 않는 사람은 마음이 맑고 한가하나, 꾸짖는 자는 입에 불이 붙는 것처럼 뜨겁게 끓느니라. 마치 사람이 하늘에다 대고 침을 뱉는 것 같아서 그것이 오히려 자기 몸에 떨어지느니라.

解說 남을 비방하고 꾸짖는 것은 그 결과가 스스로에게 큰 후환으로 되돌아올 수도 있다는 것이다.

訓音讀

罵 꾸짖을 **매** 摠 다 **총** 熱 더울 **열**
沸 끓을 **비** 唾 침 **타** 還 돌아올 **환**
墜 떨어질 **추**

原文

아 약 피 인 매　　양 롱 불 분 설
我若被人罵라도 佯聾不分說하라

비 여 화 소 공　　불 구 자 연 멸
譬如火燒空하여 不救自然滅이라

아 심　등 허 공　　총 이 번 순 설
我心은 等虛空이어늘 摠爾飜脣舌이니라

直譯 내가 만약 남에게 욕설을 듣더라도 거짓 귀먹은 체하고 시비를 가려서 말하지 말라. 비유하건데 불이 아무것도 없는 허공에서 타다가 끄지 않아도 저절로 꺼지는 것과 같아서 내 마음은 아무것도 없는 허공과 같거늘 너의 입술과 혀만은 모두 쉬지 않고 엎쳤다 뒤쳤다 하느니라.

訓音讀

佯 거짓 **양**	譬 비유할 **비**	燒 탈 **소**
然 그럴 **연**	滅 멸할 **멸**	等 무리 **등**
爾 너 **이**	飜 뒤집힐 **번**	脣 입술 **순**
舌 혀 **설**		

原文

범 사 유 인 정
凡事에 留人情이면

후 래 호 상 견
後來에 好相見이니라

直譯 모든 일에 인자스럽고 정을 남겨두면 뒷날 만났을 때는 좋은 낯으로 서로 보게 되느니라.

解說 인정을 베풀 수 있을 때 많이 베풀자. 그것은 미래에 대한 더 없는 투자이다.

訓音讀

留 머무를 류　　情 뜻 정　　後 뒤 후
好 좋을 호　　相 서로 상

근학편 (勤學篇)

학문에 정진하는 올바른 자세를 가르치는 글

학문에 부지런히 힘쓰라는 뜻이거니와, 학문에 힘써 일정한 경지에 이르렀을 때 비로소 가능한, 도의 깨달음과 그 자유로움에 관해서도 폭넓은 언급이 있다. 어떤 명주보옥도 절차탁마의 과정을 거치지 않고는 찬란한 빛을 내는 진짜 보석이 될 수 없다. 그런 것처럼 사람도 배우지 않으면 올바른 인생을 살아갈 수 없는 것이다.

原文

자왈 박학이독지
子曰『博學而篤志하고
절문이근사 인재기중의
切問而近思면 仁在其中矣니라』

直譯 공자 말씀하시길, "널리 배워서 뜻을 두텁게 하며 묻기를 절실히하여 생각을 가까이하면 어짊이 그 가운데 있느니라."고 하셨다.

解說 배움을 폭넓게 하다보면 유교의 최고 이상인 인에 도달할 수 있다는 것을 말하는 것이다.

訓音讀
博 넓을 **박** 學 배울 **학** 篤 도타울 **독**
近 가까울 **근** 矣 어조사 **의**

原文

장자왈 인지불학 여등천이무술
莊子曰『人之不學은 如登天而無術하고

학이지원 여피상운이도청천
學而智遠이면 如披祥雲而覩靑天하고

등고산이망사해
登高山而望四海니라』

直譯 장자가 말하기를, "사람이 배우지 않음은 재주없이 하늘에 오르려는 것과 같고, 배워서 아는 것이 멀면 상서(祥瑞)로운 구름을 헤치고 푸른 하늘을 보며 산에 올라 사해(四海)를 바라보는 것과 같으니라."고 하셨다.

解說 사람이 배운다는 것은 지혜의 하늘을 날기 위한 날개를 갖추는 일이다. 배워서 지혜의 깊이를 넓혀보아라. 그러면 온갖 사물의 이치가 활짝 열려 보일것이다.

訓音讀

登 오를 **등**	術 꾀 **술**	遠 멀 **원**
披 헤칠 **피**	祥 상서 **상**	雲 구름 **운**
覩 볼 **도**	望 바랄 **망**	

原文

예기　　왈　옥불탁　　　불성기
禮記에 曰『玉不琢이면 不成器하고
인불학　　　부지의
人不學이면 不知義니라』

直譯 〈예기〉에 말하기를, "옥은 다듬지 않으면 그릇이 되지 못하고, 사람은 배우지 않으면 의(義)를 알지 못하느니라."고 하였다.

解說 옥으로 하나의 그릇을 만들려면 다듬어야 한다. 마찬가지로 사람이 의를 알아 사람 구실을 할 수 있으려면 배워서 인간의 도리를 알고 인간 생활의 바른 길을 알아야 한다.

註 예기(禮記): 오경(五經)의 하나로 대성(戴聖)이 주(周)나라 말기부터 진한(秦漢) 시대의 제도와 예법 등을 수록한 책으로 주례(周禮), 의례(儀禮)와 함께 삼례(三禮)라고 한다.

訓音讀

禮 예도 **례**　　記 기록할 **기**　　琢 쪼을 **탁**
器 그릇 **기**　　義 옳을 **의**

原文

태공 왈 인생불학
太公이 曰『人生不學이면

여명명야행
如冥冥夜行이니라』

直譯 태공이 말하기를, "사람이 배우지 않으면 어둡고 어두운 밤길을 가는 것과 같으니라."고 하셨다.

解說 인간은 학습을 통해서 슬기로운 인격체로 거듭 태어난다. 배우지 않으면 어둡고 어두운 밤길을 걷는 것처럼 우매해진다는 것이다.

訓音讀

公 공변될 **공**	學 배울 **학**	如 같을 **여**
冥 어두울 **명**	夜 밤 **야**	

原文

한문공　왈　인불통고금
韓文公이 曰『人不通古今이면
마우이금거
馬牛而襟裾니라』

直　譯 한문공이 말씀하기를, "사람이 고금(古今)의 성인의 가르침을 알지 못하면 금수에 옷을 입힌 것과 같으니라."고 하셨다.

解　說 사람이 배우지 못하면 저 식색의 본능으로만 살고 있는 마소에 옷을 입혀 둔 것과 다를 바가 없다는 것이다.

註 한문공(韓文公:768~824): 당(唐)나라 덕종(德宗)때의 문학자로 이름은 유(愈), 자는 퇴지(退之)이다. 당송(唐宋) 팔대가(八大家)의 한 사람으로 꼽힌다. 저서로는 <창려선생집(昌黎先生集)>이 있다.

訓音讀

漢 나라이름 **한**	通 통할 **통**	今 이제 **금**
馬 말 **마**	襟 옷깃 **금**	

原文

주문공　왈
朱文公이 曰

가약빈　불가인빈이폐학
『家若貧은 不可因貧而廢學이요

가약부　불가시부이태학
家若富라도 不可恃富而怠學이니

빈약근학　가이입신
貧若勤學이면 可以立身이요

부약근학　명내광영
富若勤學이면 名乃光榮하리니

유견학자현달　불견학자무성
惟見學者顯達이요 不見學者無成이니라

학자　내신지보
學者는 乃身之寶요

학자　내세지진　시고
學者는 乃世之珍이니라 是故로

학즉내위군자　불학즉위소인
學則乃爲君子요 不學則爲小人이니

후지학자　의가면지
後之學者는 宜各勉之니라』

直 譯 주문공이 말하기를, "집이 만약 가난하더라도 가난한 것으로 인해서 배우는 것을 버리지 말 것이요, 집이 만약 부유하더라도 부유한 것을 믿고 학문을 게을리 해선 안 된다. 가난한 자가 만약 부지런히 배운다면 몸을 세울 수 있을 것이요, 부유한 자가 만약 부지런히 배운다면 이름이 더욱 빛날 것이니라. 오직 배운 자가 훌륭해 지는 것을 보았으며 배운 사람으로서 성취(成就)하지 못하는 것은 보지 못했다. 배움이란 곧 몸의 보배요, 배운 사람이란 곧 세상의 보배다. 그러므로 배우면 군자가 되고 배우지 않으면 천한 소인이 될 것이니 후에 배우는 자는 마땅히 각각 힘써야 하느니라."고 하셨다.

解 說 가정형편을 탓하지 말고 배움을 게을리 하지 말아야 한다. 배움이란 자신의 보배요, 배우면 귀함을 받는 군자가 될 수 있다는 것이다.

訓音讀

朱 붉을 **주**	廢 폐할 **폐**	恃 믿을 **시**
怠 게으를 **태**	榮 영화 **영**	顯 나타날 **현**
達 통달 **달**	珍 보배 **진**	勉 힘쓸 **면**

原文

휘 종 황 제 왈
徽宗皇帝曰

학 자 여 화 여 도
『學子는 如禾如稻하고

불 학 자 여 호 여 초
不學者는 如蒿如草로다

여 화 여 도 혜 국 지 정 량
如禾如稻兮여 國之精糧이요

세 지 대 보 여 호 여 초 혜
世之大寶로다 如蒿如草兮여

경 자 증 혐 서 자 번 뇌
耕者憎嫌하고 鋤者煩惱니라

타 일 면 장 회 지 이 로
他日面墻에 悔之已老로다』

直譯 휘종황제 말씀하기를, "배운 사람은 낟알 같고 벼 같고, 배우지 않은 사람은 쑥 같고 풀 같도다. 아아, 낟알 같고 벼 같음이여. 나라의 좋은 양식이요 온 세상의 보배로다. 그러나 쑥 같고 풀 같음이여, 밭을 가는 자가 보기 싫어 미워하고 밭을 매는 자가 수고롭고 더욱 힘이 드느니라. 다음 날

에 서로 만날 때에 뉘우친들 이미 그 때는 늙었도다."고 하셨다.

解 說 젊었을때 부지런히 배워 그 정신의 안목을 넓혀두지 않으면 뒷날 마치 담벼락을 바라보듯 답답하기 한이 없으리니 그 때에야 배우지 않았음을 뉘우쳐도 이미 때는 늦는다는 것이다.

訓音讀

徽 아름다울 **휘**	稻 벼 **도**	蒿 쑥 **호**
憎 미울 **증**	嫌 혐의할 **혐**	鋤 호미 **서**
煩 번거로울 **번**	惱 번뇌할 **뇌**	

原文

論語에 曰『學如不及이요 惟恐失之니라』
(논어 왈 학여불급 유공실지)

直譯 〈논어〉에 말하기를, "배우기를 미치지 못한 것 같이 하고, 배운 것을 잃을까 두려워 할지니라."고 하셨다.

解說 배움은 자기와의 끈질긴 줄다리기이다. 그러므로 배워도 배워도 늘 미흡한 느낌으로 정진하는 것이 중요하다는 것이다.

註 논어(論語): 사서(四書)의 하나로 공자(孔子)가 죽은 뒤에 제자들이 그의 성품과 행실과 말을 모아 엮은 책으로 7권 20편으로 되어 있는 유교의 경전(經典)이다.

訓音讀

語 말씀 **어** 及 미칠 **급** 惟 오직 **유**
恐 두려울 **공** 失 잃을 **실**

자식을 바르게 가르치는 글

'아이들을 어떻게 가르칠 것인가?'에 대한 참다운 교훈들이 들어 있는 글이다. 예전이나 오늘날에나 완전한 하나의 인격이 완성되는 데는 그가 놓여있는 환경과 교육의 방법이 가장 중요시되고 있다. 그런 의미에서 과학문명이 눈부시게 발달한 오늘날에도 교육의 참의미는 더없이 소중하다.

原文

경 행 록 운 빈 객 불 래 문 호 속
景行錄에 云『賓客不來면 門户俗하고

시 서 무 교 자 손 우
詩書無敎면 子孫愚니라』

直譯 〈경행록〉에 이르기를, "손님이 오지 않으면 집안이 저속(低俗)해 지고, 시서를 가르치지 않으면 자손이 어리석어 지느니라."고 하셨다.

解說 점잖은 손님이 출입하지 않으면 그 집은 저속해지고, 자손에게 글을 가르쳐 일깨우지 않으면 그 자손이 어리석어진다는 것이다.

註 시서(詩書): 중국 고전인 시경(詩經)과 서경(西經)을 가리키는 말이다. 여기서는 학문을 비유함.

訓音讀
賓 손 빈 客 손 객 俗 풍속 속
詩 글 시 愚 어리석을 우

原文

장자왈 사수소 부작 불성
莊子曰『事雖小나 不作이면 不成이오

자수현 불교 불명
子雖賢이나 不敎면 不明이니라』

直譯 장자가 말씀하기를, "일이 비록 작더라도 하지 않으면 이루지 못할 것이요, 자식이 비록 어질지라도 가르치지 않으면 현명하지 못하느니라."고 하셨다.

解說 아무리 사소한 일이라도 실생활에서의 경험에서 사람됨(인간성)을 배운다는 것이다.

訓音讀

莊 장중할 **장**	雖 비록 **수**	作 지을 **작**
成 이룰 **성**	賢 어질 **현**	敎 가르칠 **교**

原文

한서　　운
漢書에 云

황금만영　　불여교자일경
『黃金滿籯이 不如敎子一經이요

사자천금　　불여교자일예
賜子千金이 不如敎子一藝니라』

直譯 〈한서〉에 이르기를, "황금이 상자에 가득 차 있다 해도 자식에게 경서(經書)하나를 가르치는 것만 같지 못하고, 자식에게 천금을 물려 준다 해도 기술 한가지를 가르치는 것만 같지 못하느니라." 고 하셨다.

解說 자식에게 유산을 물려주는 것 보다 한 권의 경서를 가르쳐 삶의 지혜를 가르치고, 한 가지의 재주를 가르쳐 평생 동안 그 재주를 써먹게 하는 것이 낫다는 것이다.

註 한서(漢書): 전한(前漢), 즉 고조(高祖)에서 왕망(王莽)까지 229년 동안의 역사를 기록한 책으로 반표(班彪)가 시작한 것을 반고(班固)가 이루었으며, 그의 누이동생인 반소(班昭)가 고쳐 완성했다. 모두 120권으로 되어 있다.

訓音讀

漢 한수 **한**　　黃 누를 **황**　　滿 찰 **만**
賜 줄 **사**　　藝 재주 **예**

原文

지락 막여독서
至樂은 莫如讀書요
지요 막여교자
至要는 莫如敎子이니라

直譯 지극한 즐거움은 책을 읽는 것만 같음이 없고, 지극히 필요한 것은 자식을 가르치는 것만 같음이 없느니라.

解說 독서를 통해서 이치를 깨닫는 즐거움은 무상의 즐거움이며, 배우는 자의 성공의 첫걸음이라는 것이다.

訓音讀
至 지극할 **지** 莫 없을 **막** 讀 읽을 **독**
要 요긴할 **요** 敎 가르칠 **교**

原文

여영공 왈
呂滎公이 曰

내무현부형 외무엄사우
『內無賢父兄하고 外無嚴師友이면

이능유성자 선의
而能有成者가 鮮矣니라』

直譯 여영공이 말하기를, "집안에 지혜로운 어머니와 형이 없고 밖으로 엄한 스승과 벗이 없으면 능히 뜻을 이룰 수 있는 자가 드무니라."고 하셨다.

解說 한 사람이 성공하기까지에는 가정에서 훌륭한 부모와 형의 본보기와 가르침이 있어야 하고, 밖으로 엄격한 스승과 친구의 일깨움이 있어야 한다는 것이다.

訓音讀

滎 영화 **영**	嚴 엄할 **엄**	師 스승 **사**
友 벗 **우**	鮮 드물 **선**	

原文

태공 왈 남자실교 장필완우
太公이 曰『男子失敎면 長必頑愚하고

여자실교 장필추소
女子失敎면 長必麤疎니라』

直譯 태공이 말하기를, "남자가 가르침을 받지 못하면 자라서 반드시 미련하고 어리석어지며, 여자가 가르침을 받지 못하면 자라서 반드시 거칠고 솜씨가 없느니라."고 하셨다.

解說 남자는 남자답게 여자는 여자답게 가르치고 키워야 한다는 것이다.

訓音讀 失 잃을 **실** 敎 가르칠 **교** 頑 미련할 **완**
愚 어리석을 **우** 疎 성길 **소**

原文

남 년 장 대 막 습 악 주
男年長大어든 莫習樂酒하고

여 년 장 대 막 령 유 주
女年長大어든 莫令遊走니라

訓子篇

直譯 남자가 자라거든 풍류나 술을 익히지 못하도록 하고, 여자가 자라나거든 놀러다니지 못하게 할지니라.

解說 자녀를 올바르게 이끌라는 옛 지침임.

訓音讀 莫 아닐 막　習 익힐 습　酒 술 주
遊 놀 유　走 달릴 주

原文

엄부　출효자
嚴父는 出孝子하고
엄모　출효녀
嚴母는 出孝女니라

直譯 엄한 아버지는 효자를 길러내고, 엄한 어머니는 효녀를 길러내느니라.

解說 아들 교육은 아버지에게, 딸 교육은 어머니에게 달려 있다는 것이다.

訓音讀
嚴 엄할 **엄**　出 날 출　孝 효도 **효**
子 아들 **자**　母 어미 **모**

原文

연 아　　다 여 봉
憐兒어든 多與棒하고
증 아　　다 여 식
憎兒어든 多與食하라

直譯 아이를 사랑하거든 매를 많이 주고, 아이를 미워하거든 먹는 것을 많이 주라.

解說 자식을 진정으로 귀여워하거든 매질을 아끼지 말라는 것이다.

訓音讀

憐 불쌍히여길 **련**	與 줄 **여**	棒 몽둥이 **봉**
憎 미워할 **증**	食 밥 **식**	

原文

인 계 애 주 옥
人皆愛珠玉이나

아 애 자 손 현
我愛子孫賢이니라

直譯 남은 모두 귀중한 주옥을 사랑하지만, 나는 자손 어진 것을 사랑하느니라.

解說 현명하지 못한 사람은 주옥을 사랑하지만, 나는 자손 훌륭함을 사랑하겠다는 것이다.

訓音讀 皆 다 개　愛 사랑 애　珠 구슬 주
孫 손자 손　賢 어질 현

자기의 마음을 살피는 것을 가르치는 글

자아성장에 관한 여러 경구들을 말 그대로 집대성해 놓은 글이다. 삶의 고통스런 편린들, 뜬 구름같은 부귀영화, 그 속에서 부침하는 여러 삶의 형태 등이 짤막한 경구들 속에 함축적으로 표현되어 있다. 자신을 돌이켜보는 자아성찰의 계기로 삼아 좀더 참된 진리의 길로 가까이 가는 것이야말로 이 편이 주는 교훈이다.

原文

경행록 운 보화 용지유진

景行錄에 云『寶貨는 用之有盡이요

충효 향지무궁

忠孝는 享之無窮이니라』

直譯 〈경행록〉에 이르기를, "보화(寶貨)는 쓰면 다함이 있고 충성과 효성은 누려도 다함이 없느니라."고 하셨다.

解說 물질적인 부는 유한하지만 정신적인 인간 내면의 진실과 사랑은 무한하다는 것이다.

訓音讀

寶 보배 **보**　　貨 재물 **화**　　盡 다할 **진**

享 누릴 **향**　　窮 다할 **궁**

原 文

가 화 빈 야 호　　　불 의 부 여 하
家和貧也好어니와 不義富如何요
단 존 일 자 효　　하 용 자 손 다
但存一子孝면 何用子孫多리요

直 譯 집안이 화목하면 가난해도 좋거니와 의(義)롭지 않다면 부자인들 무엇하랴. 다만 한 자식이라도 효도하는 자가 있다면 자손이 많아서 무엇하리오.

解 說 가정이 화목하다면 가난해도 즐거울 것이나, 의롭지 못한 부를 누린다면 무슨 행복이 있겠는가? 또, 한 자식이라도 제대로 키워 사회에 공헌하고 부모의 뜻을 잘 받는다면 자식이 많음을 부러워할 이유가 없다는 것이다.

訓音讀

和 화할 **화**	貧 가난할 **빈**	義 옳을 **의**
富 부자 **부**	但 다만 **단**	孫 손자 **손**

原文

부 불 우 심 인 자 효 부 무 번 뇌 시 처 현
父不憂心因子孝요 夫無煩惱是妻賢이라

언 다 어 실 개 인 주 의 단 친 소 지 위 전
言多語失皆因酒요 義斷親疎只爲錢이라

直譯 아버지가 근심하지 않음은 자식이 효도하기 때문이요, 남편이 번뇌가 없는 것은 아내가 어질기 때문이다. 말이 많아 말에 실수함은 술 때문이요, 의가 끊어지고 친함이 갈라지는 것은 오직 돈 때문이니라.

解說 가장은 자식의 효도와 아내의 내조가 절대적이다. 또 인간관계에서는 술로 인한 말의 실수와 금전문제를 가장 삼가야 한다는 것이다.

訓音讀
憂 근심 **우** 煩 번거로울 **번** 惱 번뇌할 **뇌**
斷 끊을 **단** 爲 할 **위**

原文

기 취 비 상 락
既取非常樂이어든
수 방 불 측 우
須防不測憂니라

直譯 이미 심상치 못한 즐거움을 가졌거든 모름지기 헤아릴 수 없는 근심을 방비할 것이니라.

解說 즐거움을 누리거든 반드시 닥칠 근심을 생각하라는 말이다.

訓音讀 既 이미 기　憂 근심 우　須 모름지기 수
防 막을 방　測 헤아릴 측

原文

득 총 사 욕
得寵思辱하고

거 안 려 위
居安慮危니라

直譯 사랑을 받거든 욕됨을 생각하고, 편안함에 거(居)하거든 위태함을 생각할 것이니라.

解說 부귀와 영화를 가볍게 누리면 그만큼 욕됨이 적은것이요, 이익이 무거우면 그에 따른 손해가 크다는 것이다.

訓音讀 寵 사랑할 **총** 辱 욕될 **욕** 居 살 **거**
慮 생각 **려** 危 위태할 **위**

原文

영 경 욕 천
榮輕辱淺하고

이 중 해 심
利重害深이니라

直 譯 영화가 가벼우면 욕됨이 얕고 이(利)가 무거우면 해(害)도 깊으니라.

解 說 부귀와 영화를 가볍게 누리면 그만큼 욕됨이 적은것이요, 이익이 무거우면 그에 따른 손해가 크다는 것이다.

訓音讀 榮 영화 **영** 　輕 가벼울 **경** 　辱 욕될 **욕**
淺 얕을 **천** 　深 깊을 **심**

原文

심 애 필 심 비　　심 예 필 심 훼
甚愛必甚費요 甚譽必甚毁요
심 희 필 심 우　　심 장 필 심 망
甚喜必甚憂요 甚贓必甚亡이니라

直譯 사랑이 심하면 반드시 심한 소모를 가져오고, 칭찬받음이 심하면 반드시 심한 헐뜯음을 가져온다. 기뻐함이 심하면 반드시 심한 근심을 가져오고, 뇌물 탐(貪)함이 심하면 반드시 심한 멸망을 가져오느니라.

解說 잘 나가는 것도 중요하지만 그보다도 멈출 줄 아는 것이 더 중요하다는 것이다.

訓音讀 甚 심할 **심**　費 쓸 **비**　譽 명예 **예**
毁 헐 **훼**　贓 뇌물받을 **장**

原文

자왈 불관고애 하이지전추지환
子曰『不觀高崖면 何以知顚墜之患이며

불림심천 하이지몰닉지환
不臨深泉이면 何以知沒溺之患이며

불관거해 하이지풍파지환
不觀巨海면 何以知風波之患이리오』

直譯 공자가 말씀하기를, "높은 낭떠러지를 보지 않으면 어찌 굴러 떨어지는 환란을 알며, 깊은 샘에 가지 않으면 어찌 빠져 죽을 환란을 알며, 큰 바다를 보지 않으면 어찌 풍파가 일어나는 무서운 환란을 알리요."라고 하셨다.

解說 백문이불여일견(百聞而不如一見)이라는 말이다.

訓音讀 崖 낭떠러지 **에** 顚 꼭대기 **전** 墜 떨어질 **추**
臨 임할 **림** 溺 빠질 **닉**

原文

욕 지 미 래
欲知未來인대

선 찰 이 연
先察已然이니라

直譯 미래를 알려거든 먼저 지나간 일을 살펴보라.

解說 다가올 미래를 알고 싶으면 이미 지나온 과거를 반추해 보라는 것이다.

訓音讀

欲 하고자할 **욕** 來 올 **래** 知 알 **지**
察 살필 **찰** 然 그럴 **연**

原文

자 왈 명경 소이찰형
子曰『明鏡은 所以察形이오

왕자 소이지금
往者는 所以知今이니라』

直譯 공자가 말씀하기를, "밝은 거울은 얼굴을 살필 수 있고, 지나간 일은 현재를 알 수 있느니라."고 하셨다.

解說 과거는 현재의 거울이며 역사는 현재와 미래를 가늠하는 잣대가 된다는 것이다.

訓音讀

鏡 거울 경	所 바 소	往 갈 왕
者 놈 자	察 살필 찰	

原文

과거사 여명경
過去事는 如明鏡이요
미래사 암사칠
未來事는 暗似漆이니라

直譯 지나간 일은 밝은 거울 같고 미래의 일은 어둡기가 칠흑(漆黑)과 같느니라.

解說 전혀 예측할 수 없는 돌발적인 상황에서의 음미할 교훈인 것이다.

註 암사칠(暗似漆): 어둡기가 칠흑과 같다.

訓音讀

過 지날 **과** 鏡 거울 **경** 來 올 **래**
暗 어두울 **암** 漆 옻 **칠**

原文

경 행 록 운
景行錄에 云

명 조 지 사 박 모 불 가 필
『明朝之事를 薄暮에 不可必이요

박 모 지 사 포 시 불 가 필
薄暮之事를 晡時에 不可必이니라』

直譯 〈경행록〉에 이르기를, "내일 아침의 일을 저녁 때에 가히 그렇게 된다고 알지 못할 것이요, 저녁 때의 일을 오후 네시(晡時)쯤 가히 꼭 그렇게 된다고 알지 못할 것이니라."고 하셨다.

解說 앞날을 예측할수 없는 삶을 살아가지만 하루하루를 충실하고 최선을 다하자는 것이다.

訓音讀

朝	아침 **조**	薄	엷을 **박**	暮	저물 **모**
晡	신시 **포**	時	때 **시**		

原文

천 유 불 측 풍 우
天有不測風雨하고
인 유 조 석 화 복
人有朝夕禍福이니라

直譯 하늘에는 예측할 수 없는 비바람이 있고, 사람은 아침저녁으로 화(禍)와 복(福)이 있느니라.

解說 하루의 날씨를 예측할 수 없는 것처럼 우리 인간사에도 아침저녁으로 예측 못하는 행복과 불행이 닥쳐올 수 있다.

訓音讀
測 헤아릴 **측** 風 바람 **풍** 雨 비 **우**
禍 재앙 **화** 福 복 **복**

原文

미 귀 삼 척 토 난 보 백 년 신
未歸三尺土하여는 難保百年身이요
이 귀 삼 척 토 난 보 백 년 분
已歸三尺土하여는 難保百年墳이니라

直譯 석자되는 흙 속으로 돌아가지 아니하고는 백년의 몸을 보전하기 어렵고, 이미 석자되는 흙 속으로 돌아가서는 백년동안 무덤을 보전키 어려울 것이니라.

解說 운명의 틀 속에서 인간은 무력하고 겸허하다는 것으로 사리사욕에 얽매이지 말고 살아가라는 것이다.

訓音讀 歸 돌아갈 귀 難 어려울 난 保 보호할 보
身 몸 신 墳 무덤 분

原文

경행록 운
景行錄에 云

목유소양즉근본고이지엽무
『木有所養則根本固而枝葉茂하여

동량지재성
棟樑之材成하고

수유소양즉천원장이류파장
水有所養則泉源壯而流派長하여

관개지리박
灌漑之利博하고

인유소양즉지기대이식견명
人有所養則志氣大而識見明하여

충의지사출 가불양재
忠義之士出하니 可不養哉아』

直　譯 <경행록>에 이르기를, "나무를 잘 기르면 뿌리가 튼튼하고 가지와 잎이 무성해서 동량(棟梁)의 재목을 이루고, 수원(水源)을 잘 만들어 놓으면 물줄기가 풍부하고 흐름이 길어서 관개(灌漑)의 이익이 베풀어지고, 사람을 기르면 마음과 기상이

뛰어나고 식견이 밝아져서 충의(忠義)의 선비가 나온다. 어찌 기르지 않을 것이냐."고 하였다.

解 說 사람이 타고난 자질이 아무리 훌륭하다 해도 어려서부터 그 뜻과 기상을 크게하고, 지식을 폭 넓게 가르쳐야 훗날 국가와 사회에 크게 공헌할·인물을 길러낼수 있다는 것이다.

訓音讀

養 기를 **양**	根 뿌리 **근**	固 굳을 **고**
枝 가지 **지**	茂 무성할 **무**	棟 마룻대 **동**
樑 들보 **량**	泉 샘 **천**	源 근원 **원**
派 물나뉠 **파**	灌 물댈 **관**	漑 물댈 **개**

原文

자 신 자 인 역 신 지
自身者는 人亦信之하나니
오 월 개 형 제
吳越이 皆亨弟요
자 위 자 인 역 의 지
自疑者는 人亦疑之하나니
신 외 개 적 국
身外가 皆敵國이니라

直譯 스스로를 믿는 자는 남도 또한 자기를 믿나니 오나라와 월나라와 같은 적국 사이라도 형제와 같이 될 수 있고, 스스로를 믿지 못하는 자는 남도 또한 자기를 믿어주지 않으니 자기 이외에는 모두 원수와 같은 나라가 되느니라.

解說 스스로의 가치와 능력을 믿어야 남도 자신을 믿어 준다는 것이다.

註 오월(吳越): 전국시대의 오나라와 월나라를 말하는 것으로 오왕 부차(吳王 夫差)와 월왕 구천(越王 句踐)이 서로 싸워 원수의 나라 사이였음.

訓音讀

吳 나라 **오**	越 나라 **월**	皆 다 **개**
疑 의심 **의**	敵 대적할 **적**	國 나라 **국**

原文

의 인 막 용
疑人莫用하고
용 인 물 의
用人勿疑니라

直譯 사람을 의심하거든 쓰지 말고, 사람을 쓰거든 의심치 말지니라.

解說 무엇보다도 큰 재산은 사람인 것이다. 따라서 사람을 잘 써야 지도자로서 성공할 수 있다는 것이다.

訓音讀 疑 의심할 **의** 人 사람 **인** 莫 없을 **막**
用 쓸 **용** 勿 말 **물**

原文

풍 간　　운　수 저 어 천 변 안　　고 가 사 혜
諷諫에 云『水底魚天邊雁은 高可射兮

저 가 조　　　유 유 인 심 지 척 간
低可釣어니와 惟有人心咫尺間에

지 척 인 심 불 가 료
咫尺人心不可料니라』

直譯 〈풍간〉에 이르기를, "물 속 깊이 있는 고기와 하늘 높이 떠 날으는 기러기는 쏘고 낚을 수 있거니와 오직 사람의 마음은 바로 지척간에 있음에도 이 지척간에 있는 마음은 가히 헤아릴 수 없느니라."고 하였다.

解說 사람의 마음을 헤아리기가 어려움을 말한 것이다.

註 풍간(諷諫) : 책 이름

訓音讀

諷 풍자할 **풍**	諫 간할 **간**	底 밑 **저**
邊 가 **변**	雁 기러기 **안**	射 쏠 **사**
釣 낚을 **조**	咫 지척 **지**	料 헤아릴 **료**

原文

화 호 화 피 난 화 골
畵虎畵皮難畵骨이요
지 인 지 면 부 지 심
知人知面不知心이니라

直譯 범을 그리되 모양은 그릴 수 있으나 뼈는 그리기 어렵고, 사람을 알되 얼굴은 알지만 마음은 알지 못하느니라.

解說 모든 사물의 겉모습은 눈으로 보고도 알 수 있으나 그 사물의 속은 알 수 없다는 것이다.

訓音讀

畵 그림 화	虎 범 호	皮 가죽 피
骨 뼈 골	知 알 지	

原文

대 면 공 화
對面共話하되
심 격 천 산
心隔千山이니라

直 譯 얼굴을 맞대고 서로 이야기는 하되 마음은 여러 산이 막혀 있는 것처럼 멀리 떨어져 있느니라.

解 說 인간관계라고 생각할 때 인간의 마음을 헤아린다는 것은 너무나 어렵다. 따라서 알기 어려운 인간의 마음을 많이 경계하고 있는 것이다.

註 격천산(隔千山): 천산(千山)이라 함은 수없이 많은 산을 뜻한다. 천산을 격해 있다 하는 것은 서로간의 거리가 먼 것을 표현하는 것임.

訓音讀

對 대할 **대** 面 낯 **면** 共 함께 **공**
話 말씀 **화** 隔 사이뜰 **격**

原文

해 고 종 견 저
海枯終見底나

인 사 부 지 심
人死不知心이니라

直譯 바다는 마르면 마침내 그 바닥을 볼 수 있으나 사람은 죽어도 그 마음을 알지 못하느니라.

解說 사람 마음의 진실은 저 알 수 없는 곳에 있다는 뜻이다.

訓音讀 海 바다 해　　枯 마를 고　　終 마칠 종
死 죽을 사　　知 알 지

原文

태공 왈 범인 불가역상
太公이 曰『凡人은 不可逆相이요

해수 불가두량
海水는 不可斗量이니라』

直譯 태공이 말하기를, "보통 사람은 앞날을 점칠 수 없고, 바닷물은 가히 말(斗)로 그 양을 잴 수 없느니라."고 하셨다.

解說 인간의 운명과 신의 섭리는 너무나 오묘해서 미리 헤아릴 수 없다는 것이다.

訓音讀

凡 무릇 **범**	逆 거스릴 **역**	相 서로 **상**
斗 말 **두**	量 헤아릴 **량**	

原文

경행록 운 결원어인 위지종화
景行錄에 云『結怨於人은 謂之種禍요
사선불위 위지자적
捨善不爲는 謂之自賊이니라』

直譯 〈경행록〉에 이르기를, "남과 원수를 맺는 것은 재앙의 씨를 심는 것이라 말하고, 착한 것을 버리고 착한 일을 하지 않는 것은 스스로를 해치는 것과 같으니라."고 하셨다.

解說 선을 버리고 행하지 않는 것은 결국 스스로를 해친다는 것이다.

訓音讀
怨 원망할 **원** 謂 이를 **위** 種 씨 **종**
捨 버릴 **사** 賊 도적 **적**

原文

약 청 일 면 설
若聽一面說이면
변 견 상 이 별
便見相離別이니라

直譯 만약 한쪽의 말만 들으면 친한 사이가 갑자기 멀어짐을 볼 것이니라.

解說 남의 말을 신중히 듣고 주관적으로 옳고 그름을 판단하지 말고, 좀더 객관적이고 합리적으로 받아들이는 태도가 필요하다는 것이다.

訓音讀

若 같을 **약** 聽 들을 **청** 說 말씀 **설**
離 떠날 **리** 別 나눌 **별**

原文

포난　사음욕
飽煖엔 思淫慾하고
기한　발도심
飢寒엔 發道心이니라

直譯 배 부르고 따뜻한 곳에서 호강하고 살면 음욕(淫慾)이 생기고, 굶주리고 추운 곳에서 고생하며 살면 도심(道心)이 일어 나느니라.

解說 우리는 부귀와 안락을 누리면서도 도와 진리를 추구하면서 살아가야 한다는 것이다.

訓音讀 飽 베부를 **포**　煖 따뜻할 **난**　淫 음란할 **음**
飢 주릴 **기**　發 필 **발**

原文

소광 왈 현인다재즉손기지
疏廣이 曰『賢人多財則損其志하고
우인다재즉익기과
愚人多財則益其過니라』

直譯 소광이 말하기를, "어진 사람이 재물이 많으면 그 뜻을 손상하고, 어리석은 사람이 재물이 많으면 허물이 더 하느니라."고 하셨다.

解說 아무리 고결하게 살고자하는 사람도 재물이 많으면 교만해지고 사치를 하며, 어리석은 사람은 그로 인해 방자해지고 타락해질 수 밖에 없다는 것이다.

註 소광: 한(漢)나라 때 사람으로 자는 중옹(仲翁).

訓音讀

疏 트일 소	賢 어질 현	財 재물 재
損 덜 손	志 뜻 지	

原文

인 빈 지 단
人貧智短하고

복 지 심 령
福至心靈이니라

直　譯 사람이 가난하면 지혜가 짧아지고, 복에 이르면 마음이 존귀하여 지느니라.

解　說 사람이 너무 가난하면 우선 먹고 살기에 경황이 없어 생각이 단순해지므로 최소한의 경제력은 있어야 한다. 경제적으로 풍족하면 자기 의지에 따라 행동 할수 있어 마음도 넓어지고, 너그러워지며, 고상한 품위를 간직할 수 있다는 것이다.

訓音讀

貧 가난할 **빈**	智 지혜 **지**	短 짧을 **단**
福 복 **복**	靈 신령 **령**	

原文

不經一事(불경일사)면
不長一智(부장일지)니라

直譯 한 가지의 일이라도 경험하지 아니하면 그 일에 대한 한 가지의 지혜도 자라지 아니 하느니라.

解說 성공의 경험보다는 실패와 좌절의 경험이 주는 값진 교훈은 일생을 살아가면서 우리의 삶에 보탬을 준다는 것이다.

訓音讀

不 아닐 **불**	經 지날 **경**	一 한 **일**
事 일 **사**	智 지혜 **지**	

原文

시 비 종 일 유
是非終日有라도

불 청 자 연 무
不聽自然無니라

直譯 하루 종일 옳고 그름을 따지더라도 이를 들은 체 하지 않으면 저절로 없어지느니라.

解說 누가 하루종일 시비를 걸더라도 대꾸하지 않으면 그만이라는 것이다.

訓音讀

是 옳을 시	自 스스로 자	終 끝날 종
聽 들을 청	然 그럴 연	

原文

내 설 시 비 자
來說是非者는

변 시 시 비 인
便是是非人이니라

直譯 찾아 와서 내게 시비(옳고 그름)를 말하는 자는 이것이 곧 나에게 시비를 거는 사람이니라.

解說 모든 사람과 조화를 이루고 화목하게 지내는 것은 좋으나 쓸데 없이 시비에 동조해서는 안 된다는 것이다.

訓音讀 來 올 래　　說 말씀 설　　者 놈 자
非 그를 비　　便 곧 변

原文

격양시　　운　평생　　부작추미사
擊壤時에 云『平生에 不作皺眉事하면

세상　　응무절치인　　　대명
世上에 應無切齒人이니 大名을

기유전완석　　노상행인　　구승비
豈有鐫頑石가 路上行人이 口勝碑니라』

直譯 〈격양시〉에 이르기를, "평생에 눈섭 찡그릴 일을 하지 않으면 세상에 이를 갈 원수 같은 사람이 없을 것이니, 크게 떨친 이름을 어찌 뜻 없는 돌에 새길 것인가. 길 가는 사람들이 하는 말이 비석(碑石)보다 나으리라."고 하셨다.

解說 칭찬받는 일을 하기에 앞서 남이 눈썹 찡그릴 일은 하지 말아야하며, 업적을 스스로 자랑하여 비석에 그 이름과 공을 새기는 것보다는 다른 사람들의 입으로 전해지는 업적이 더 진정한 업적이라는 것이다.

訓音讀

皺 주름살 **추**　　眉 눈섭 **미**　　碑 비석 **비**
鐫 새길 **전**　　頑 완고할 **완**　　勝 이길 **승**

原文

유 사 자 연 향
有麝自然香이니
하 필 당 풍 립
何必當風立가

直譯 사향(麝香)을 지녔으면 저절로 향기로운데 어찌 반드시 바람이 불어야만 향기가 나겠는가.

解說 사람이 훌륭하고 덕망이 높으면 구태여 자랑하지 않아도 모두가 알아 흠모하기 마련이므로 평소에 덕을 쌓으라는 것이다.

註 사향(麝香): 사향노루 · 사향고양이 등의 수컷의 향낭에서 채취한 흑갈색 가루로 특수한 냄새를 풍김.

訓音讀

有 있을 **유**	麝 사향노루 **사**	香 향기 **향**
當 당할 **당**	風 바람 **풍**	

原文

유 복 막 향 진 　 복 진 신 빈 궁
有福莫享盡하라 福盡身貧窮이요

유 세 막 사 진 　 세 진 원 상 봉
有勢莫使盡하라 勢盡冤相逢이니라

복 혜 상 자 석 　 세 혜 상 자 공
福兮常自惜하고 勢兮常自恭하라

인 생 교 여 치 　 유 시 다 무 종
人生驕與侈는 有始多無終이니라

直譯 복이 있다 해도 다 누리지 말라. 복이 다하면 몸이 빈궁해 질 것이요, 권세가 있다 해도 함부로 부리지 말라. 권세가 다하면 원수와 서로 만나느니라. 복이 있거든 항상 스스로 아끼고, 권세가 있거든 항상 스스로 겸손하라. 사람에 있어서 교만과 사치는 시작은 있으나 흔히 나중에는 없는 경우가 많으니라.

解說 늘 절제하고 겸허하며 만족하고 감사하며 살아야 한다는 것이다.

訓音讀

享 누릴 **향**	冤 원통할 **원**	逢 만날 **봉**
驕 교만할 **교**	終 마칠 **종**	

原文

왕 참 정 사 류 명 　 왈
王參政四留銘에 曰

유 유 여 부 진 지 교 　 　 이 환 조 물
『留有餘不盡之巧하여 以還造物하고

유 유 여 부 진 지 록 　 　 이 환 조 정
留有餘不盡之祿하여 以還朝廷하고

유 유 여 부 진 지 재 　 　 이 환 백 성
留有餘不盡之財하여 以還百姓하고

유 유 여 부 진 지 복 　 　 이 환 자 손
留有餘不盡之福하여 以還子孫이니라』

直譯 왕참정의 〈사류명〉에 말하기를, "여유 있는 재주를 다 쓰지 않았다가 조물주에게 돌려주고, 여유 있는 복록을 다 쓰지 않았다가 백성에게 돌려주며, 여유있는 복을 다 누리지 않았다가 자손에게 돌려줄지니라."고 하였다.

解說 재주도, 지위도, 복도, 돈도 마음껏 누리는 것이 중요한 것이 아니라, 스스로 억제하고 남에게 베풀 때 그 행복이 오래간다는 것이다.

訓音讀

參 참여할 **참**	留 머물를 **류**	銘 새길 **명**
巧 교묘할 **교**	還 돌아올 **환**	祿 녹 **록**
廷 조정 **정**		

原文

황금천냥 미위귀
黃金千兩이 未爲貴요
득인일어 승천금
得人一語가 勝千金이니라

直譯 황금 천 냥이 귀한 것이 아니요, 사람의 좋은 말 한마디 듣는 것이 천금(千金)보다 나으니라.

解說 좋은 말 한마디가 인간에게 주는 교훈이 크다는 것이다.

訓音讀
黃 누를 **황** 爲 할 **위** 貴 귀할 **귀**
得 얻을 **득** 勝 이길 **승**

原文

교자　　졸지노
巧者는 拙之奴요

고자　　낙지모
苦者는 樂之母니라

直譯 재주는 졸렬함의 종이 되고, 괴로움은 즐거움의 근본이 되느니라.

解說 재주를 익히기 이전에 겸손하고 풍부한 인격을 갖추기 위해서 노력하여야 하며, 또한 괴로움은 훗날 즐거움의 모태가 된다는 것이다.

訓音讀 巧 공교로울 **교**　拙 옹졸할 **졸**　奴 종 **노**
苦 괴로울 **고**　樂 즐길 **락**

原 文

소선　난감중재
小船은 難堪重載요

심경　불의독행
深逕은 不宜獨行이니라

直 譯 작은 배는 무겁게 싣는 것을 견디기 어렵고, 으슥한 길은 혼자 다니기에 좋지 못하느니라.

解 說 사람이 제 분수에 넘치는 과욕을 부리면 망한다. 또한 모든 일은 바르게 해야 한다는 것이다.

訓音讀

船 배 **선**　　堪 견딜 **감**　　載 실을 **재**
逕 길 **경**　　獨 홀로 **독**

原文

황금 미시귀
黃金이 未是貴요
안락 치전다
安樂이 値錢多니라

直譯 황금이 귀한 것이 아니요, 편안하고 즐거움이 돈보다 값어치가 많으니라.

解說 황금은 귀한 것이 아니라 마음이 편안하고 즐거운 것이 값어치가 있다는 것이다.

訓音讀 是 옳을 시 貴 귀할 귀 樂 즐길 락
値 가격 치 錢 돈 전

原文

재가 불회요빈객
在家에 不會邀賓客이면
출외 방지소주인
出外에 方知少主人이니라

直譯 집에 손님을 맞아 대접할 줄 모르면 밖에 나가서 다른 집에 손님으로 가 보아야 나를 빈객으로 대접할 주인이 적은 줄 아느니라.

解說 내가 대접 받고자 하면 먼저 남을 대접하여야 한다는 것이다.

訓音讀

家 집 가 會 모일 회 邀 맞을 요
賓 손 빈 客 손 객

原文

빈 거 뇨 시 무 상 식
貧居鬧市無相識이니

부 주 심 산 유 원 친
富住深山有遠親이니라

直譯 가난하게 살면 번화한 시장거리에 살아도 서로 아는 사람이 없고, 부유하게 살면 깊은 산골에 살아도 먼 데서 찾아오는 친구가 있느니라.

解說 가까운 친지나 이웃이라 해도 가난하면 사람들이 피하려 하고, 부유하면 다 정히 접근하고자 한다는 것이다.

訓音讀

市 저자 **시**	識 알 **식**	深 깊을 **심**
遠 멀 **원**	親 친할 **친**	親 시끄러울 **친**

原文

인의 진종빈처단
人義는 盡從貧處斷이요
세정 변향유전가
世情은 便向有錢家니라

直譯 사람의 의리는 다 가난 때문에 끊어지고, 세상의 인정은 곧 돈 있는 집으로 쏠리느니라.

解說 인간의 의리와 세상의 인정이 얼마나 비정한가를 안다면 내가 경제적으로 남의 도움을 받는 처지는 되지 말아야 한다는 것이다.

訓音讀 盡 다할 **진** 從 좇을 **종** 貧 가난할 **빈**
斷 끊을 **단** 錢 돈 **전**

原文

영 색 무 저 항
寧塞無底缸이언정

난 색 비 하 횡
難塞鼻下橫이니라

直譯 차라리 밑 빠진 항아리는 막을지언정 코 아래 가로 놓인 것(입)은 막기 어려우니라.

解說 말을 조심하라는 것이다.

訓音讀

塞 막을 색	底 밑 저	缸 항아리 항
鼻 코 비	橫 가로 횡	

原文

인정　　개위군중소
人情은 皆爲窘中疎니라

直譯 사람의 정은 다 궁한 가운데서 멀어지게 되느니라.

解說 경제적으로 남의 도움을 받는 처지는 되지 말아야 한다는 것이다.

訓音讀 情 뜻 정　　皆 다 개　　爲 할 위
窘 군색할 군　　中 가운데 중

原文

사기　왈　교천예묘　비주불향
史記에 曰『郊天禮廟는 非酒不享이요

군신붕우　비주불의
君臣朋友는 非酒不義요

투쟁상화　비주불권
鬪爭相和는 非酒不勸이라

고　주유성패이불가범음지
故로 酒有成敗而不可泛飮之니라』

直譯 〈사기〉에서 말하기를, "하늘에 제사를 지내고 사당에 제례 올림에도 술이 아니면 제물을 받지 않을 것이요, 임금과 신하·벗과 벗 사이에도 술이 아니면 의리가 두터워지지 않을 것이요, 싸움을 하고 서로 화해 함에도 술이 아니면 권하지 못할 것이다. 그러므로 술은 성공과 실패가 있으니 이를 마시되 함부로 마시면 안 되느니라."고 하였다.

解說 술은 인생의 성공과 실패를 좌우할 수 있으므로 항상 조심하라는 것이다.

訓音讀

郊 들 **교**	廟 사당 **묘**	朋 벗 **붕**
友 벗 **우**	鬪 싸울 **투**	爭 다툴 **쟁**
敗 패할 **패**	泛 뜰 **범**	

原文

자왈 사지어도이치악의악식자
子曰『士志於道而恥惡衣惡食者는

미족여의야
未足與議也이니라』

直譯 공자가 말하기를, "선비가 도(道)에 뜻을 두면서 악의악식(惡衣惡食)을 부끄러워 하는 자는 서로 더불어 의논할 사람이 못되느니라."고 하셨다.

解說 호의호식하는 자는 함께 도를 논의할 자격이 없다는 것이다.

註 악의악식(惡衣惡食): 거친 옷을 입고 맛없는 음식을 먹음. ↔호의호식(好衣好食)

訓音讀 志 뜻 **지** 恥 부끄러울 **치** 惡 악할 **악**
與 더불 **여** 議 의논할 **의**

原文

순 자 왈 사 유 투 우 즉 현 교 불 친
荀子曰『士有妬友則賢交不親하고
군 유 투 신 즉 현 인 부 지
君有妬臣則賢人不至니라』

直譯 순자가 말하기를, "선비가 벗을 시기하는 일이 있으면 어진 벗과 친할 수 없고, 임금이 신하를 시기하는 일이 있으면 어진 신하가 오지 않느니라." 고 하셨다.

解說 시기하는 사람을 가까이 두지 말라는 것이다.

訓音讀 荀 풀 순 妬 투기할 투 賢 어질 현
親 친할 친 至 이를 지

原文

천 불 생 무 록 지 인
天不生無祿之人하고
지 부 장 무 명 지 초
地不長無名之草니라

直譯 하늘은 녹(복) 없는 사람을 내지 않고, 땅은 이름 없는 풀을 기르지 않느니라.

解說 누구나 천부의 인권이 있고, 먹고 살 능력이 있으며, 이 세상을 살아가야 할 의미가 있다는 것이다.

訓音讀

無 없을 무	祿 녹 록	地 땅 지
名 이름 명	草 풀 초	

原文

대부　유천
大富는 由天하고
소부　유근
小富는 由勤이니라

直譯 큰 부자는 하늘에 달려 있고, 작은 부자는 부지런한 데 달려 있느니라.

解說 큰 부자는 운명적으로 정해져 있고, 작은 부자는 근면하고 부지런한 데에 따라 정해진다는 것이다.

訓音讀 大 큰 대　富 부자 부　由 말미암을 유
天 하늘 천　勤 부지런할 근

原文

성가지아 석분여금
成家之兒는 惜糞如金하고
패가지아 용금여분
敗家之兒는 用金如糞이니라

直譯 집을 일으킬 아이는 똥을 아끼기를 금같이 하고, 집을 망칠 아이는 돈 쓰기를 똥과 같이 하느니라.

解說 어려서부터 근검절약 하도록 자식을 키우지 않으면 아무리 많은 재산도 오래가지 못한다는 것이다.

訓音讀
成 이룰 **성** 家 집 **가** 惜 아낄 **석**
糞 똥 **분** 敗 패할 **패**

原文

강절소선생 왈
康節邵先生이 曰

한거 신물설무방 재설무방변유
『閑居에 愼勿說無妨하라 纔說無妨便有

방 상구물다능작질 쾌심사과
妨이니라 爽口勿多能作疾이요 快心事過

필유앙 여기병후능복약 불약
必有殃이라 與其病後能服藥으론 不若

병전능자방
病前能自妨이니라』

直譯 강절소 선생이 말하기를, "편안하고 한가롭게 살 때 삼가 걱정이 없다고 말하지 말라. 겨우 걱정할 것이 없다는 말이 입에서 나가자 마자 곧 걱정거리가 생기리라. 입에 맞는 음식이라고 해서 많이 먹으면 병을 만들 것이요, 마음에 상쾌한 일이라고 해서 지나치게 하면 반드시 재앙이 있으리라. 병이 난 후에 약을 먹는 것 보다는 병이 나기 전에 스스로 조심하는 것만 같지 못하느니라."고 하셨다.

解說 늘 삼가고 겸허하게 살고, 작은 행운에도 감사하며, 모든

일은 언제나 지나치지 않게 하며, 늘 건강을 지켜야 한다는 것이다.

訓音讀 節 마디 **절** 愼 삼갈 **신** 妨 해로울 **방**
爽 상쾌할 **상** 疾 병 **질**

原文

재동제군수훈 왈
梓潼帝君垂訓이 曰

묘약 난의원채병
『妙藥이 難醫寃債病이요

횡재 불부명궁인
橫財는 不富命窮人이라

생사사생 군막원 해인인해
生事事生을 君莫怨하고 害人人害를

여휴진 천지자연개유보
汝休嗔하고 天地自然皆有報하니

원재아손근재신
遠在兒孫近在身이니라』

直 譯 재동제군이 훈계를 내려 말하기를, "신묘한 약이라도 원한에 사무친 병은 고치기 어렵고, 뜻밖에 생기는 횡재도 운수가 나쁜 사람은 부자가 되게 할 수 없다. 일을 저지르고 나서 일이 생겼다고 원망하지 말고, 남을 해치고 나서 남이 나를 해치는 것을 너는 꾸짖지 말라. 천지간에 모든 일은 다 갚음이 있나니 멀면 자손에게 있고 가까우면 자기 몸에 있느니라."고 하셨다.

解 說 남에게 원한을 갖게 하지 말라는 것이다. 남에게 원한을 갖게 되면 두고두고 씻기 어렵다는 것이다.

註 재동제군(梓潼帝君): 도가(道家)에 속한 신의 이름.

訓音讀 梓 가래나무 **재** 藥 약 **약** 醫 의원 **의**
汝 너 **여**

原文

화 락 화 개 개 우 락　　금 의 포 의 갱 환 착
花落花開開又落하고 錦衣布衣更換着이라
호 가 미 필 상 부 귀　빈 가 미 필 장 적 막
豪家未必常富貴요 貧家未必長寂寞이라
부 인 미 필 상 청 소　추 인 미 필 전 구 학
扶人未必上青霄요 推人未必塡邱壑이라
권 군 범 사　막 원 천
勸君凡事를 莫怨天하라
천 의 어 인　무 후 박
天意於人에 無厚薄이니라

直譯 꽃은 졌다가 피고 피었다 다시 지고, 비단 옷도 다시 베옷으로 바꿔 입느니라. 넉넉하고 호화로운 집이라고 해서 반드시 언제나 부귀한 것이 아니요, 가난한 집도 반드시 오래 적적하고 쓸쓸하지 않느니라. 사람이 밀어 올려도 반드시 하늘에 올라가지 못할 것이요, 사람을 밀어도 반드시 깊은 구렁에 떨어지지 않느니라. 그대에게 권고 하노니, 모든 일에 하늘을 원망하지 말라. 하늘의 뜻은 본시 사람에게 후하고 박함이 없느니라.

解說 올바른 인격을 형성하고 스스로 노력하여야 한다는 것이다.

訓音讀

錦 비단 금	換 바꿀 환	着 붙을 착
寂 고요 적	寞 고요할 막	塡 메울 전
邱 언덕 구	壑 구렁 학	厚 후할 후

原文

감탄인심독사사 수지천안전여차
堪歎人心毒似蛇라 誰知天眼轉如車요
거년망취동린물 금일환귀북사가
去年妄取東隣物터니 今日還歸北舍家라
무의전재탕발설 당래전지수추사
無義錢財湯潑雪이요 儻來田地水推沙라
약장교휼위생계 흡사조개모락화
若將狡譎爲生計면 恰似朝開暮落花라

直譯 사람의 마음이 독하기가 뱀 같음을 한탄하여 마지 않는다. 누가 하늘에서 보는 눈이 수레바퀴처럼 돌아가고 있음을 알 것이요. 지나간 해에 망녕되게 동녘 이웃의 물건을 탐내어 가져 왔더니, 오늘엔 어느덧 북녘집으로 돌아 갔구나. 의리가 아니게 취한 돈과 재물은 끓는 물에서 녹는 눈과 같이 없어질 것이요. 뜻밖에 얻어진 전답(田畓)은 물에 밀려온 모래이니라. 만약 교활한 꾀로서

생활하는 방법을 삼는다면 그것은 흡사 아침에 피었다가 저녁에 시들어지는 꽃과 같이 오래 가지 못하느니라.

訓音讀 堪 견딜 **감** 毒 독할 **독** 蛇 뱀 **사**
隣 이웃 **린** 潑 물뿌릴 **발** 狡 간교할 **교**
譎 속일 **휼** 恰 마치 **흡**

原文

무 약 가 의 경 상 수
無藥可醫卿相壽요
유 전 난 매 자 손 현
有錢難買子孫賢이니라

直 譯 약이라고 하여 모두 재상과 같은 귀한 목숨도 고칠 수 없고, 돈이 있어도 자손의 현명함은 사지 못하느니라.

解 說 스스로 건강을 지키고, 자식을 제대로 키우기가 그만큼 어렵다는 것이다.

訓音讀 醫 의원 **의** 卿 벼슬 **경** 壽 목숨 **수**
錢 돈 **전** 難 어려울 **난** 買 살 **매**

原文

일 일 청 한 일 일 선
一日清閑一日仙이니라

直譯 하루라도 마음이 깨끗하고 편안하다면 그 하루는 신선이 되느니라.

解說 하루라도 마음을 맑고 넉넉하게 갖는 것이 중요하다는 것이다.

訓音讀

一 한 **일** 日 날 **일** 清 맑을 **청**
閑 한가할 **한** 仙 신선 **선**

原文

진 종 황 제 어 제　왈
眞宗皇帝御製에 曰

지 위 식 험　종 무 라 망 지 문
『知危識險이면 終無羅網之門이요

거 선 천 현　자 유 안 신 지 로
擧善薦賢이면 自有安身之路라

시 인 포 덕　내 세 대 지 영 창
施仁布德은 乃世代之榮昌이요

회 투 보 원　여 자 손 지 위 환
悔妬報寃은 與子孫之爲患이라

손 인 이 기　종 무 현 달 운 잉
損人利己면 終無顯達雲仍이요

해 중 성 가　기 유 장 구 부 귀
害衆成家면 豈有長久富貴리오

개 명 이 체　개 인 교 어 이 생
改名異體는 皆因巧語而生이요

화 기 상 신　개 시 불 인 지 소
禍起傷身은 皆是不仁之召니라』

直譯 진종황제 어제에 말하기를, "위태함을 알고 험한 것을 알면 마침내 그물에 걸리는 일이 없을 것이

요, 선한 일을 받들고 착한 이를 추켜 올리고 어진 사람을 천거하면 스스로 내 몸이 편안한 길이 되고, 인(仁)을 베풀고 덕(德)을 폄은 곧 대대(代代)로 번영을 가져올 것이다. 시기하는 마음을 품고 원한에 보복함은 자손에게 근심을 끼쳐주는 것이요, 남을 해롭게 해서 자기를 이롭게 한다면 마침내 현달한 자손이 없고, 뭇 사람을 해롭게 해서 자기 집안을 이루게 한다면 어찌 그 부귀(富貴)가 길게 가겠는가. 이름을 바꾸고 몸을 달리함은 모두 교묘한 말로 말미암아 생겨나고, 재앙이 일어나고 몸이 상하게 됨은 다 어질지 못함이 불러들이는 것이니라."고 하셨다.

解 說 항상 어질고, 선행을 베풀고, 음덕을 쌓아 공경으로 남을 대하여 불의의 재앙을 막으라는 것이다.

註 진종황제(眞宗皇帝: 968~1022): 북송(北宋)의 제3대 황제.

訓音讀

御 모실 **어**	危 위태로울 **위**	險 험할 **험**
羅 벌릴 **라**	網 그물 **망**	薦 천거할 **천**
悔 품을 **회**	體 몸 **체**	

原文

신종황제어제 왈
神宗皇帝御製에 曰

원비도지재 계과도지주
『遠非道之財하고 戒過度之酒하며

거필택린 교필택우
居必擇隣하고 交必擇友하며

질투 물기어심
嫉妬를 勿起於心하고

참언 물선어구
讒言을 勿宣於口하며

골육빈자 막소 타인부자
骨肉貧者를 莫疎하고 他人富者를

막후 극기 이근검위선
莫厚하며 克己는 以勤儉爲先하고

애중 이겸화위수
愛重은 以謙和爲首하며

상사이왕지비 매념미래지구
常思已往之非하고 每念未來之咎하라

약의짐지사언 치국가이가구
若依朕之斯言이면 治國家而可久니라』

直 譯 신종황제 어제에 말하기를, "사람으로써 도리에 어긋나는 재물은 멀리 하고, 정도에 지나치는 술을 경계하며, 반드시 이웃을 가려 살고, 벗을 가려 사귀며, 남을 시기하는 마음을 일으키지 말고, 남을 헐뜯어 말하지 말며, 동기간의 가난한 자를 소홀히 하지 말고, 부유한 자에게 아첨하지 말고, 자기의 사욕을 극복하는 것은 부지런하고 아껴쓰는 것이 첫째이고, 사람을 사랑하되 겸손하고 화평함을 첫째로 삼을 것이며, 언제나 지나간 날의 잘못됨을 생각하고, 또 앞날의 허물을 생각하라. 만약 나의 한 말을 잘 따른다면 나라와 집안을 다스림이 가히 오래갈 것이니라."고 하셨다.

註 신종황제(神宗皇帝: 1048~1085): 북송(北宋)의 제6대 황제.

訓音讀

斯 이 **사**	度 법도 **도**	擇 가릴 **택**
嫉 투기할 **질**	讒 참소할 **참**	咎 허물 **구**
朕 나 **짐**		

原文

고 종 황 제 어 제 왈
高宗皇帝御製에 曰

일 성 지 화 능 소 만 경 지 신
『一星之火도 能燒萬頃之薪하고

반 구 비 언 오 손 평 생 지 덕
半句非言도 誤損平生之德이라

신 피 일 루 상 사 직 녀 지 로
身被一縷나 常思織女之勞하고

일 식 삼 손 매 념 농 부 지 고
日食三飱이나 每念農夫之苦하라

구 탐 투 손 종 무 십 재 안 강
苟貪妬損은 終無十載安康하고

적 선 존 인 필 유 영 화 후 예
積善存仁이면 必有榮華後裔니라

복 연 선 경 다 인 적 행 이 생
福緣善慶은 多因積行而生이요

입 성 초 범 진 시 진 실 이 득
入聖超凡은 盡是眞實而得이니라』

直譯 고종황제 어제에 말하기를, "한 점의 불씨도 능히 드넓은 숲을 태우고, 짧은 반 마디 그릇된 말이 평생의 덕을 허물어 뜨린다. 몸에 한 오라기의 실을 입었어도 항상 베짜는 여자의 수고로움을 생각하고 하루 세 끼니의 밥을 먹거든 농부(農夫)의 힘드는 것을 생각하라. 미워하고 탐내고 시기해서 남에게 손해를 끼친다면 마침내 10년의 편안함도 없을 것이요, 선(善)을 쌓고 인(仁)을 보존하면 반드시 후손(後孫)들에게 영화가 있으리라. 행복과 경사는 대부분의 선행(善行)을 쌓는데서 생겨나고, 범용(凡庸)을 초월해서 성인의 경지에 들어가는 것은 다 진실함으로써 얻어지는 것이니라."고 하셨다.

註 고종황제(高宗皇帝: 1107~1187): 남송(南宋)의 초대 황제.

訓音讀

燒 불사를 **소**	薪 땔나무 **신**	頃 이랑 **경**
誤 그르칠 **오**	織 짤 **직**	苟 구찰할 **구**
載 실을 **재**	康 편안 **강**	裔 후손 **예**
緣 인연 **연**	超 뛸 **초**	盡 다할 **진**

原文

왕 량 　 왈 　 욕 지 기 군 　 　 선 시 기 신
王良이 曰『欲知其君이면 先視其臣하고

욕 식 기 인 　 선 시 기 우
欲識其人이면 先視其友하고

욕 지 기 부 　 선 시 기 자
欲知其父이면 先視其子하라

군 성 신 충 　 부 자 자 효
君聖臣忠하고 父慈子孝이니라』

直譯 왕량이 말하기를, "그 임금을 알려고 한다면 먼저 그 신하를 보고, 그 사람을 알려고 한다면 먼저 그 벗을 보고, 그 아비를 알려고 한다면 먼저 그 자식을 보라. 임금이 거룩하면 그 신하가 충성스럽고, 아비가 인자(仁慈)하면 자식이 효성스러우니라."고 하셨다.

註 왕량(王良): 춘추(春秋)시대 진(晋)나라 사람.

訓音讀
良 어질 **량** 　 欲 하고자할 **욕** 　 知 알 **지**
臣 신하 **신** 　 慈 사랑할 **자**

原文

가어　운　수지청즉무어
家語에 云『水至淸則無魚하고
인지찰즉무도
人至察則無徒니라』

直譯 〈가어〉에 이르기를, "물이 지나치게 맑으면 고기가 없고, 사람이 지나치게 똑똑하면 친구가 없느니라."고 하셨다.

解說 지나치게 결벽하면 삶이 어려워지고, 자기의 잣대로 상대방의 완전함을 요구하면 남과 어울려 살 수가 없다는 것이다.

註 가어(家語): 공자가어(孔子家語)를 말하며, 공자의 언행과 세상에 드러나지 않은 사실들을 모은 책으로 현재 전하는 것은 10권이다.

訓音讀

淸 맑을 **청**	則 곧 **즉**	無 없을 **무**
察 살필 **찰**	徒 무리 **도**	

原文

허경종 왈
許敬宗이 曰

춘우여고 행인 오기니녕
『春雨如膏나 行人은 惡其泥濘하고

추월 양휘 도자 증기조감
秋月이 揚輝나 盜者는 憎其照鑑이니라』

直譯 허경종이 말하기를, "봄비는 땅을 기름지게 하는데도 길 가는 사람은 그 질퍽질퍽하는 진창을 싫어하고, 가을의 달빛은 밝게 비치나 도둑놈은 그 밝게 비치는 것을 싫어하느니라."고 하셨다.

解說 모든 일은 한 가지 잣대로 가치를 판단할 수 없을 뿐만 아니라 그 결과만 가지고 옳고 그름을 말할 수는 없다는 것이다.

註 허경종(許敬宗): 당(唐)나라 때의 정치가로 자는 연족(延族).

訓音讀

膏 기름 **고**	泥 진흙 **니**	揚 날릴 **양**
輝 빛날 **휘**	照 비칠 **조**	鑑 거울 **감**

原文

경 행 록 운 대 장 부
景行錄에 云『大丈夫는

견 선 명 고 중 명 절 어 태 산
見善明故로 重名節於泰山하고

용 심 정 고 경 사 생 어 홍 모
用心精故로 輕死生於鴻毛니라』

直譯 〈경행록〉에 이르기를, "대장부는 착한 것을 보는 것이 밝음으로 명분과 절의(節義)를 태산보다 중하게 여기고, 마음쓰기가 깨끗하므로 죽는 것과 사는 것을 기러기 털보다도 더 가볍게 여기느니라."고 하였다.

解說 대장부는 어떠한 유혹앞에서도 흔들리지 않으며, 사람으로써 지켜야 할 도리를 갖고 있으므로 죽음을 무릅쓰고서라도 그 명분과 의리를 실천할 수 있다는 것이다.

訓音讀

善 착할 선	節 마디 절	泰 클 태
精 정할 정	鴻 기러기 홍	毛 털 모

原文

민 인 지 흉　　　낙 인 지 선
憫人之凶하고 樂人之善하며

제 인 지 급　　　구 인 지 위
濟人之急하고 救人之危니라

直 譯 남의 흉한 것을 민망히 여기고, 남의 좋은 일을 즐겁게 여기며, 남의 급한 것을 건지고, 남의 위태함을 구하여야 되느니라.

解 說 '선을 아름답게 여기고 불행을 가엾이 여기는 것' 을 말한다.

訓音讀

憫 민망할 **민**	凶 흉할 **흉**	濟 건널 **제**
急 급할 **급**	救 구원할 **구**	危 위태할 **위**

原文

경 목 지 사　공 미 개 진
經目之事도 恐未皆眞이어늘
배 후 지 언　기 족 심 신
背後之言을 豈足深信이리오

直譯 직접 보고 경험한 일도 모두 참되지 아니할까 두렵거늘, 뒤에서 쑥덕거리는 말을 어찌 믿을 수 있으리오.

解說 말하기는 즐겁고 쉬워도 그 피해는 너무나 크고, 그 죄는 무겁다는 것이다.

訓音讀 經 지날 **경**　恐 두려울 **공**　皆 다 **개**
豈 어찌 **기**　深 깊을 **심**

原文

불 한 자 가 급 승 단
不恨自家汲繩短하고
지 한 타 가 고 정 심
只恨他家苦井深이로다

直譯 자기 집 두레박 줄이 짧은 것은 탓하지 않고, 남의 집 우물 깊은 것만 탓하는도다.

解說 어려운 일을 앞장 서고 나의 잘못된 생각을 찾아 늘 고치고자 노력한다면 덕을 높이고 마음속의 사악함이 다스려져 남을 탓하지 않는다는 것이다.

訓音讀

恨 한탄 **한**　　汲 물길을 **급**　　繩 노 **승**
短 짧을 **단**　　井 우물 **정**

原文

장람 만천하
贓濫이 滿天下하되
죄구박복인
罪拘薄福人이니라

直譯 부정한 재물을 취하는 사람이 천하에 가득할 지라도 죄(罪)는 복이 적은(薄福) 사람에게 걸리느니라.

解說 부정부패를 이야기 한것이다.

訓音讀

贓 장물 **장** 濫 넘칠 **람** 罪 허물 **죄**
拘 잡을 **구** 薄 엷을 **박**

原文

천 약 개 상　　불 풍 즉 우
天若改常이면 不風卽雨요
인 약 개 상　　불 병 즉 사
人若改常이면 不病卽死니라

直　譯 하늘이 만약 상도(常道)를 어기면 바람 아니면 비가 오고, 사람이 만약 상도(常道)를 벗어나면 병 아니면 죽으리라.

解　說 사람은 정도를 걸어야 한다는 것이다.

訓音讀 若 같을 약　　改 고칠 개　　風 바람 풍
卽 곧 즉　　病 병 병

原文

장원시 운
壯元詩에 云

국정천심순 관청민자안
『國正天心順이요 官淸民自安이라

처현부화소 자효부심관
妻賢夫禍少요 子孝父心寬이니라』

直譯 장원시에 이르기를, "나라가 바르면 하늘도 순할 것이요, 벼슬아치가 바르고 깨끗하면 온 백성이 저절로 편안하느니라. 아내가 어질면 남편의 화(禍)가 적을 것이요, 자식이 효도하면 아버지의 마음이 너그러워지느니라."고 하였다.

註 장원시(壯元詩): 과거에 장원한 사람의 시.

訓音讀
順 순할 순　官 벼슬 관　淸 맑을 청
賢 어질 현　寬 너그러울 관

原文

자왈 목종승즉직
子曰『木從繩則直하고

인수간즉성
人受諫則聖이니라』

直譯 공자가 말씀하길, "나무가 먹줄을 좇으면 곧아지고, 사람이 다른 사람의 충고를 받아들이면 거룩하게 되느니라."고 하셨다.

解說 다른 사람의 충고를 받아들여 스스로의 잘못을 고쳐나가면 성인의 경지에 이른다는 것이다.

訓音讀

從 좇을 종　　則 곧 즉　　受 받을 수
諫 간할 간　　聖 성인 성

原文

일 파 청 산 경 색 유　　전 인 전 토 후 인 수
一派青山景色幽한데 前人田土後人收라
후 인 수 득 막 환 희　　갱 유 수 인 재 후 두
後人收得莫歡喜하라 更有收人在後頭니라

直譯 한 줄기 푸른 산은 경치가 그윽하구나. 저 땅은 옛 사람이 가꾸던 밭인데 뒷 사람들이 거두는 것이다. 뒷 사람은 차지했다 해서 기뻐하지 말라, 다시 거둘 사람이 뒤에 있느니라.

解說 무릇 재화(財貨)란 어느 한 사람의 손아귀에 쥐어져 있는 것이 아니라, 이 손에서 저 손으로 넘어간다는 것이다.

訓音讀 幽 그윽할 **유**　後 뒤 **후**　收 거둘 **수**
歡 기쁠 **환**　頭 머리 **두**

原文

소동파 왈 무고이득천금

蘇東坡 曰『無故而得千金이면

불유대복 필유대화

不有大福이라 必有大禍니라』

直譯 소동파가 말하기를, "까닭없이 천금을 얻는 것은 큰 복이 있는 것이 아니라, 반드시 큰 재앙이 있는 것이니라."고 하셨다.

解說 수고하지 않고 횡재하는 것은 복이 아니라 불행의 씨앗이라는 것이다.

註 소동파(蘇東坡: 1036~1101): 북송(北宋)때의 문인으로, 이름은 식(軾), 호는 동파(東坡)이며, 당송(唐宋)팔대가(八大家)의 한 사람이다.

訓音讀

蘇 깨어날 **소**	坡 언덕 **파**	得 얻을 **득**
福 복 **복**	禍 재앙 **화**	

原文

강절소선생 왈
康節邵先生이 曰

유인 내문복 여하시화복
『有人이 來問卜하되 如何是禍福이고

아휴인시화 인휴아시복
我虧人是禍요 人虧我是福이니라』

直譯 강절소선생이 말하기를, "어떤 것이 화가 되고 어떤 것이 복이 되느냐고 나에게 자기의 운수를 묻는 사람이 있으니 내가 남을 해롭게 하면 이것이 화(禍)요, 남이 나를 해롭게 하면 이것이 복(福)이니라." 고 하셨다.

解說 내가 다른 사람을 해치면 그것이 불행이며, 남이 나에게 피해를 입히면 그것이 행운이 될 수 있다는 것이다.

訓音讀

康 편안할 **강**　節 마디 **절**　卜 점칠 **복**
禍 재앙 **화**　虧 어지러질 **휴**

原文

대하천간 야와팔척
大廈千間이라도 夜臥八尺이요
양전만경 일식이승
良田萬頃이라도 日食二升이니라

直譯 큰 집이 천간(千間)이라도 밤에 눕는 곳은 여덟 자 뿐이요, 좋은 밭이 만평이 있더라도 하루 두 되면 먹느니라.

解說 인간의 욕심은 끝이 업으므로 욕심을 줄이고 마음을 풍요롭게 갖고자 노력하라는 것이다.

訓音讀 廈 큰집 **하** 間 사이 **간** 臥 누울 **와**
頃 이랑 **경** 升 되 **승**

原文

구 주 령 인 천　　빈 래 친 야 소
久住令人賤이요 頻來親也疎라
단 간 삼 오 일　　상 견 불 여 초
但看三五日에 相見不如初니라

直譯 남의 집에 오래 머물러 있으면 사람으로 하여금 천하게 여기고, 자주 오면 친하던 사이도 멀어지느니라. 오직 사흘이나 닷새만에 서로 보는데도 처음만 같지 않느니라.

解說 친한 정을 나누는 데에도 적절한 절제를 하는 것이 세상을 살아가는 데 이롭다는 것이다.

訓音讀 住 머무를 주　　賤 천할 천　　頻 자주 빈
看 볼 간　　初 처음 초

原文

갈시일적 여감로
渴時一滴은 如甘露요
취후첨배 불여무
醉後添盃는 不如無니라

直譯 목이 마를 때 한 방울의 물은 단 이슬과 같고, 취한 후에 잔을 더하는 것은 안 먹는 것만 못하느니라.

解說 술을 지나치게 많이 먹으면 독이 되어서 건강을 해치거나 망신 당하기 쉽다는 것이다.

訓音讀
渴 목마를 **갈** 滴 물방울 **적** 露 이슬 **로**
添 더할 **첨** 盃 잔 **배**

原文

주 불 취 인 인 자 취
酒不醉人人自醉요
색 불 미 인 인 자 미
色不迷人人自迷니라

直 譯 술이 사람을 취하게 하는 것이 아니라 사람이 스스로 취하는 것이요, 색(色)이 사람을 미혹(迷惑)시키는 것이 아니라 사람이 스스로 미혹하는 것이니라.

解 說 술과 여자의 유혹을 과감하게 뿌리칠 수 있도록 노력해야 할 것이다.

訓音讀 酒 술 **주** 醉 취할 **취** 自 스스로 **자**
色 빛 **색** 迷 미혹할 **미**

原文

공심　약비사심　하사불변
公心을 若比私心이면 何事不辨이며
도념　약동정념　성불다시
道念을 若同情念이면 成佛多時니라

直譯 공(公)을 위하는 마음이 사(私)를 위하는 마음에 비할 수 있다면 어찌 옳고 그름을 가려내지 못할 것이며, 도(道)를 향하는 마음이 만약 남녀의 정(情)을 생각하는 마음과 같다면 성불(成佛)한 지도 이미 오래일 것이니라.

訓音讀 若 같을 **약**　私 사사 **사**　辨 분별할 **변**
成 이룰 **성**　佛 부처 **불**

原文

염계선생 왈
濂溪先生 曰

교자언 졸자묵 교자로
『巧者言하고 拙者墨하며 巧者勞하고

졸자일 교자적 졸자덕
拙者逸하고 巧者賊하니 拙者德하며

교자흉 졸자길 오호
巧者凶하고 拙者吉하다니 嗚呼라

천하졸 형정 철
天下拙이면 刑政이 徹하여

상안하순 풍청폐절
上安下順하며 風清弊絕이니라』

直譯 염계선생이 말하기를, "교자는 말을 잘하고 졸자는 말이 없으며, 교자는 수고로우나 졸자는 한가하다. 교자는 패악하나 졸자는 덕성(德性)스러우며 교자는 흉하고 졸자는 길하다, 아아! 천하가 졸하면 정치가 철저하여서 임금은 편안하고 백성은 잘 복조아며, 풍속은 맑고 나쁜 습관은 없어지느니라."고 하셨다.

註

교자(巧者): 재주있고 꾀있음.
졸자(拙者): 재주 없고 어리석음.
염계선생: 주돈이(1017~1073)를 말하며 자는 무숙(茂叔)이며, 호가 염계이다. 북송(北宋)의 유학자로 송학(宋學)의 시조로 불리워지며 <태극도설(太極圖說)>과 <통서(通書)>를 저술하였다.

訓音讀

濂 엷을 **렴**	溪 시내 **계**	拙 졸할 **졸**
逸 편안 **일**	賊 도적 **적**	嗚 탄식할 **오**
徹 통할 **철**	弊 폐단 **폐**	

原 文

역　왈　덕 미 이 위 존
易에 曰『德微而位尊하고
지 소 이 모 대　무 화 자 선 의
智小而謀大면 無禍者鮮矣니라』

直 譯 〈주역〉에 말하기를, "덕이 적은데 지위가 높으며, 지혜가 없으면서 꾀하는 것이 크다면 화(禍)가 없는 자가 드물 것이니라."고 하셨다.

解 說 제 분수에 맞게 처신함이 몸을 보전하는 안전한 길임을 알라는 것이다.

註 주역(周易): 삼역(三易)의 하나로 역경(易經)이라고도 하며 우주의 원리와 인간의 길흉화복을 기록한 책으로 문왕(文王), 주공(周公), 공자(孔子)에 의해 대성한 역학(易學).

訓音讀 易 바꿀 **역**　微 적을 **미**　尊 높을 **존**
謀 꾀 **모**　禍 재앙 **화**

原文

설원　　왈
說苑에 曰

관태어환성　　병가어소유
『官怠於宦成하고 病加於小癒하며

화생어해태　　효쇠어처자
禍生於懈怠하고 孝衰於妻子이니

찰차사자　　신종여시
察此四者하여 愼終如始니라』

直譯 〈설원〉에 말하기를, “벼슬아치는 지위가 성취되는 데서 게을러지고, 병은 조금 낫는데서 더해지며, 재앙은 게으른데서 생기고, 효도는 처자에서 흐려진다. 이 네 가지를 살펴서 나중을 삼가기를 처음과 같이 할지니라.”고 하였다.

解說 늘 반성하여 처음의 정신 자세로 돌아가 삶이 흐트러지지 않는다면 불행을 막을 수 있을 것이다.

註 설원(說苑): 한(漢)나라 유향(劉向)이 지은 책으로 명인들의 일화(逸話)를 수록한 것이다.

訓音讀 苑 동산 **원**　怠 게으를 **태**　宦 벼슬 **환**
懈 게으를 **해**　愼 삼갈 **신**

原文

기 만 즉 일
器滿則溢하고
인 만 즉 상
人滿則喪이니라

直譯 그릇이 가득 차면 넘치고, 사람도 운수가 차면 잃게 되느니라.

解說 군자는 가득 찼을 때 오로지 겸손함을 지켜야 한다는 것이다.

訓音讀 器 그릇 기　滿 찰 만　則 곧 즉
溢 넘칠 일　喪 죽을 상

原文

척 벽 비 보
尺璧非寶요
촌 음 시 경
寸陰是競이니라

直譯 한 자 되는 둥근 구슬을 보배로 알지 말고 오직 짧은 시간을 귀중히 여길지니라.

解說 촌음을 다투어서 스스로의 목표를 향해 정진해야 할 것이다.

訓音讀 璧 구슬 **벽** 寶 보배 **보** 陰 응달 **음**
是 옳을 **시** 競 다툴 **경**

原文

羊羹(양갱)이 雖美(수미)나
衆口(중구)를 難調(난조)니라

直譯 양고기 국이 아무리 맛이 있어도 여러 사람의 입맛을 맞추기는 어려우니라.

解說 무슨 일을 한 가지로 통일하는 것보다는 각자가 모여서 조화를 이루는 것이 더 현명할 것이다.

訓音讀

羹 국 **갱**　　雖 비록 **수**　　衆 무리 **중**
難 어려울 **난**　　調 고를 **조**

原文

익지서 운 백옥 투어니도
益智書에 云『白玉은 投於泥塗라도
불능오예기색 군자 행어탁지
不能汚穢其色이요 君子는 行於濁地라도
불능염란기심 고 송백 가이
不能染亂其心하나니 故로 松柏은 可以
내설상 명지 가이섭위난
耐雪霜이요 明智는 可以涉危難이니라』

直譯 〈익지서〉에 이르기를, "흰 옥(玉)을 진흙 속에 던져도 그 빛을 잃지 않고, 군자는 혼탁(混濁)한 곳에 갈지라도 그 마음을 어지럽힐 수 없느니라. 그러므로 송백(松柏)은 상설(霜雪)을 견디어 내고, 밝은 지혜는 위난(危難)을 능히 견뎌 내느니라." 고 하였다.

解說 아무리 선하지 않은 자와 같이 일을 하더라도 자기는 수양을 쌓아 주관이 뚜렷하므로 절대로 흔들리지 않을 것이라고 자신있게 말하고 있는 것이다.

訓音讀 投 던질 **투** 塗 진흙 **도** 汚 더러울 **오**
穢 더러울 **예** 涉 건널 **섭**

原文

입 산 금 호 이
入山擒虎는 易어니와
개 구 고 인 난
開口告人은 難이니라

直譯 산에 들어가 범을 잡기는 쉬우나, 입을 열어 다른 사람에게 고하기는 어려우니라.

解說 가장 어려운 것은 자기 자신을 아는 것이고, 아무리 가까운 사이라도 쉽지 않은 것은 바르게 말해주는 것이다.

訓音讀 擒 사로잡을 **금** 虎 범 **호** 開 열 **개**
告 알릴 **고** 難 어려울 **난**

原文

원수　　불구근화
遠水는 不救近火요
원친　　불여근린
遠親은 不如近隣이니라

直譯 멀리 있는 물은 가까이에서 붙은 불을 끄지 못하고, 먼 곳의 일가 친척은 가까운 이웃만 못하느니라.

解說 가까운 이웃이 먼 곳에 사는 친척보다 낫다는 것이다.

訓音讀 遠 멀 **원**　救 구원할 **구**　近 가까울 **근**
親 친할 **친**　隣 이웃 **린**

原文

太公이 曰(태공 왈)

『日月이 雖明이나 不照覆盆之下하고(일월 수명 부조복분지하)

刀刃이 雖快나 不斬無罪之人하고(도인 수쾌 불참무죄지인)

非災橫禍는 不入愼家之門이니라』(비재횡화 불입신가지문)

直譯 태공이 말하기를, "해와 달이 비록 밝으나 엎어놓은 동이(항아리)의 밑은 비추지 못하고, 칼날이 비록 잘 드나 죄 없는 사람은 베지 못하고, 불의(不意)의 재앙은 조심하는 집 문에는 들지 못하느니라."고 하였다.

解說 늘 삼가고 조심하여 이웃에게 베푸는 가정에는 불의의 재앙이나 불행한 일은 일어나지 않는다는 것이다.

訓音讀

照 비출 **조**	覆 뒤집힐 **복**	盆 동이 **분**
斬 벨 **참**	橫 가로 **횡**	愼 삼갈 **신**

原文

태공 왈
太公이 曰

양전만경 불여박예수신
『良田萬頃이 不如薄藝隨身니라』

直譯 태공이 말하기를, "좋은 밭 만 이랑이라도 아주 작은 재주 한 가지를 몸에 지닌 것만 못하느니라."고 하셨다.

解說 사람이 아무리 훌륭한 자질과 좋은 뜻을 갖추고 있다 하더라도 배움을 좋아하지 않으면 오히려 그릇되게 될 수 있다는 것이다.

訓音讀
良 좋을 **량** 頃 이랑 **경** 薄 엷을 **박**
藝 재주 **예** 隨 따를 **수**

原文

性理書(성리서)에 云(운)

『接物之要(접물지요)는 己所不欲(기소불욕)을 勿施於人(물시어인)하고 行有不得(행유부득)이어든 反求諸己(반구제기)니라』

直譯 〈성리서〉에 이르기를, "다른 사람과 사귈 때의 중요한 것은 자기가 하기 싫은 일을 남에게 떠넘기지 말고, 자기가 행하고도 얻지 못하는 것이 있거든 돌이켜 자기에게 원인을 구하라."고 하였다.

解說 인간관계에서 상대를 이해하는 것이 무엇보다도 중요하다는 것이다.

訓音讀 要 구할 **요** 所 바 **소** 欲 하고자할 **욕**
得 얻을 **득** 救 구할 **구**

原文

주 색 재 기 사 도 장 　다 소 현 우 재 내 상
酒色財氣四堵墻에 多少賢愚在內廂이라
약 유 세 인 　도 득 출
若有世人이 跳得出이면
변 시 신 선 불 사 방
便是神仙不死方이니라

直　譯 술과 여색과 재물과 기운의 네 가지로 쌓은 담 안에 수 많은 어진 이와 어리석은 사람이 행랑에 들어 있느니라. 만약 그 누가 이곳을 뛰쳐 나올 수 있다면 그것은 곧 신선이 되어 죽지 아니하는 방법이니라.

解　說 술, 여자, 재물, 혈기에서 용감하게 뛰쳐나올 수 있다면 인간으로서 올바른 삶을 영위할 수 있다는 것이다.

訓音讀 堵 담 도　　墻 담 장　　愚 어리석을 우
廂 행랑 상　　跳 뛸 도

입교편 (立敎篇)

가르침을 세우는 것을 가르치는 글

윤리 도덕의 강령인 제반 도덕률들이 설명 되어있는 글이다. 세상을 살아가자면 반드시 지켜야 할 기본적인 윤리 도덕률이라 할 삼강오륜을 위시해, 정치, 경제, 사회의 각 방면에 대한 계획과 실천의 묘법들이 상세히 설명되어져 있다. 오늘날에도 일상생활에서 수양의 가르침으로 삼아 그 뜻을 세워간다면 크게 도움이 될 것이다.

原文

자왈 입신유의이효위본 상사유례
子曰『立身有義而孝爲本이요 喪祀有禮

이애위본 전진유열이용위본
而哀爲本이요 戰陣有列而勇爲本이요

치정유리이농위본 거국유도이사
治政有理而農爲本이요 居國有道而嗣

위본 생재유시이력위본
爲本이요 生財有時而力爲本이니라』

直 譯 공자가 말하기를, "입신(立身)함에 의(義)가 있으니 효도가 그 근본이요, 상사(喪事)에 예(禮)가 있으니 슬퍼함이 그 근본이요, 싸움터에 질서가 있으니 용맹이 그 근본이 된다. 나라를 다스리는데 이치가 있으니 농사가 그 근본이 되고, 나라를 지키는데 도(道)가 있으니 계승이 그 근본이 되며, 재물을 생산함에 시기가 있으니 노력이 그 근본이 되느니라."고 하셨다.

解 說 모든 일에는 근본이 있다는 것이다.

訓音讀 喪 죽을 **상** 祀 제사 **사** 陣 늘어놓을 **진**
農 농사 **농** 嗣 이을 **사**

原文

경행록　　운　위정지요　　왈공여청
景行錄에 云『爲政之要는 曰公與淸이요
성가지도　　왈검여근
成家之道는 曰儉與勤이라』

直譯 〈경행록〉에 이르기를, "나라를 다스리는 데 긴요한 것은 공평하고 사사로운 욕심이 없이 깨끗이 하는 것이요, 집을 이루는 길은 낭비하지 아니하고 부지런한 것이니라."고 하였다.

解說 부지런함과 검소함은 좋은 가정을 이루는 근본이 된다는 것이다.

立教篇

訓音讀
政 정사 **정**　與 더불 **여**　淸 맑을 **청**
儉 검소할 **검**　勤 부지런할 **근**

原文

독서 기가지본
讀書는 起家之本이요
순리 보가지본
循理는 保家之本이요
근검 치가지본
勤儉은 治家之本이요
화순 제가지본
和順은 齊家之本이니라

直 譯 글을 읽는 것은 집을 일으키는 근본이요, 도리를 따르는 것은 집을 잘 보존한는 근본이요, 부지런하고 절약하여 낭비하지 아니하는 것은 집을 잘 관리하는 근본이요, 화목하고 순종하는 것은 집안을 잘 다스리는 근본이니라.

解 說 독서와 순리, 근면과 검소함, 화순함 등의 가치는 인생을 살아가는데 도움을 주는 것이다.

訓音讀

讀 읽을 독　　起 일어날 기　　家 집 가
循 따를 순　　齊 가지런할 제

原文

공자삼계도 운 일생지계
孔子三計圖에 云『一生之計는
재어유 일년지계 재어춘
在於幼하고 一年之計는 在於春하고
일일지계 재어인 유이불학
一日之計는 在於寅이니 幼而不學이면
노무소지 춘약불경 추무소망
老無所知요 春若不耕이면 秋無所望이요
인약불기 일무소판
寅若不起면 日無所辨이니라』

直譯 공자가 삼계도에 이르기를, "일생의 계획은 어릴 때에 있고, 일 년의 계획은 봄에 있고, 하루의 계획은 새벽에 있으니, 어려서 배우지 않으면 늙어서 아는 것이 없고, 봄에 밭 갈지 않으면 가을에 바랄 것이 없으며, 새벽에 일어나지 않으면 그 날의 할 일이 없느니라."고 하셨다.

解說 계획을 세우는 것은 좋은 결과를 기약할 수 있다는 것이다.

訓音讀

計 셀 **계**　幼 어릴 **유**　寅 동방 **인**
耕 밭갈 **경**　秋 가을 **추**　起 일어날 **기**
辨 힘쓸 **판**

原文

性理書에 云『五敎之目은 父子有親하며 君臣有義하며 夫婦有別하며 長幼有序하며 朋友有信이니라』

(성리서 운 오교지목 부자유친 군신유의 부부유별 장유유서 붕우유신)

直譯 〈성리서〉에 이르기를, "다섯 가지의 가르침 조목은 아버지와 자식 사이에는 서로 친함이 있어야 하며, 임금과 신하 사이에는 의리가 있어야 하며, 남편과 아내 사이에는 분별이 있어야 하며, 어른과 어린이 사이에는 차례가 있어야 하며, 친구 사이에는 믿음이 있어야 하느니라."고 하였다.

立敎篇

解說 유교문화에서 꼭 지켜야 할 기본적인 윤리(오륜)를 이야기한 것이다.

訓音讀

性 성품 **성**	敎 가르칠 **교**	親 친할 **친**
婦 며느리 **부**	序 차례 **서**	信 믿을 **신**

原 文

삼 강 　 군 위 신 강
三綱은 君爲臣綱이요
부 위 자 강 　 부 위 부 강
父爲子綱이요 夫爲婦綱이니라

直 譯 삼강(三綱)이라는 것은 임금은 신하의 모범이 되고, 아버지는 자식의 모범이 되며, 남편은 아내의 모범이 되는 것이니라.

解 說 유교문화에서 꼭 지켜야 할 기본적인 윤리(삼강)를 이야기한 것이다.

註 강(綱): 사물의 근본을 뜻함.

訓音讀 綱 벼리 강 　 君 임금 군 　 爲 할 위
父 아비 부 　 婦 며느리 부

原文

왕촉 왈 충신 불사이군
王蠋이 曰『忠臣은 不事二君이요
열녀 불경이부
烈女는 不更二夫니라』

直 譯 왕촉이 말하기를, "충신은 두 임금을 섬기지 않고, 열녀(烈女)는 두 지아비를 섬기지 않느니라." 고 하셨다.

解 說 충신의 도리와 아내의 도리를 말하는 것이다.

註 왕촉: 전국(戰國)시대 제(齊)나라 사람으로 연(燕)나라에 패하자 항복하지 않고 자결하였다. 충신으로 이름 높았음.

訓音讀

忠 충성 충	事 일 사	君 임금 군
烈 매울 렬	更 고칠 경	

原文

충 자 왈 치 관 막 약 평
忠子 曰『治官엔 莫若平이요
임 재 막 약 렴
臨財엔 莫若廉이니라』

直譯 충자가 말하기를, "벼슬을 다스림에는 공평함만한 것이 없고, 재물을 대할때는 청렴함만한 것이 없느니라."고 하셨다.

解說 모든 공직자가 공무에는 최선을 다하되 사사로운 이익을 추구하지 말라는 것이다.

訓音讀

治 다스릴 **치**	莫 없을 **막**	若 같을 **약**
臨 임할 **임**(림)	廉 청렴 **렴**	

原文

장 사 숙 좌 우 명　　왈　범 어　　필 충 신
張思叔座右銘에 曰『凡語를 必忠信하며
범 행　　필 독 경　　음 식　　필 신 절
凡行을 必篤敬하며 飮食을 必愼節하며
자 획　　필 해 정　　용 모　　필 단 장
字劃을 必楷正하며 容貌를 必端莊하며
의 관　　필 정 숙　　보 리　　필 안 상
衣冠을 必整肅하며 步履를 必安詳하며
거 처　　필 정 정　　작 사　　필 모 시
居處를 必正靜하며 作事를 必謀始하며
출 언　　필 고 행　　상 덕　　필 고 지
出言을 必顧行하며 常德을 必固持하며
연 낙　　필 중 응　　견 선 여 기 출
然諾을 必重應하며 見善如己出하며
견 악 여 기 병　　범 차 십 사 자
見惡如己病하라 凡此十四者는
개 아 미 심 성　　서 차 당 좌 우
皆我未深省이라 書此當座右하여
조 석 시 위 경
朝夕視爲警하노라』

直 譯 장사숙의 좌우명에 말하기를, "무릇 말은 반드시 충성되고 믿음이 있어야 되며, 무릇 행실은 반드시 돈독하고 공경히 하며, 음식은 반드시 삼가고 알맞게 하며, 글씨는 반드시 정확하고 반듯하게 쓰며, 용모는 반드시 단정하고 엄숙히 하며, 의관은 반드시 정제하며, 걸음걸이는 반드시 편안하고 점잖게 하며, 거처하는 곳은 반드시 바르고 정숙하게 하며, 일하는 것은 반드시 계획을 세워 시작하며, 말을 할 때는 반드시 그 실행 여부를 생각해서 하며, 평상(平常)의 덕을 반드시 굳게 가지며, 일을 허락하는 것은 반드시 신중히 생각해서 응하며, 선(善)을 보거든 자기에게서 나온 것 같이 하며, 악(惡)을 보거든 자신의 병인 것 같이하라. 무릇 이 열 네 가지는 모두 내가 아직 깊이 깨닫지 못한 것이다. 이를 자기의 오른편에 써 붙여 놓고 아침저녁으로 보고 경계할 것이니라."고 하였다.

解 說 군자가 갖추어야 할 말과 행동을 나열하여 말한 것이다.

註 장사숙(張思叔): 북송(北宋)때의 학자로 성리학(性理學)의 대가 정이천(程伊川)의 제자이다.

訓音讀

座 자리 **좌**	劃 그을 **획**	楷 본보기 **해**
肅 엄숙 **숙**	詳 자세할 **상**	靜 고요할 **정**
顧 돌아볼 **고**	諾 허락 **낙**	

原文

범익겸좌우명 왈 일불언조정이해변
范益謙座右銘에 曰『一不言朝廷利害邊

보차제 이불언주현관원장단득실
報差除요 二不言州縣官員長短得失이요

삼불언중인소작과악지사 사불언사
三不言衆人所作過惡之事요 四不言仕

진관직추시부세 오불언재리다소염
進官職趨時附勢요 五不言財利多少厭

빈구부 육불언음설희만평론여색
貧求富요 六不言淫媟戲慢評論女色이요

칠불언구멱인물간색주식
七不言求覓人物干索酒食이요

우인부서신 불가개탁침체
又人付書信을 不可開坼沈滯요

여인병좌 불가규인사서
與人幷坐에 不可窺人私書요

범입인가 불가간인문자
凡入人家에 不加看人文字요

범차인물 불가손괴불환
凡借人物에 不可損壞不還이요

범 끽 음 식 　 불 가 간 태 거 취
凡喫飮食에 不可揀擇去取요
여 인 동 처 　 불 가 자 택 편 리
與人同處에 不可自擇便利요
범 인 부 귀 　 불 가 탄 선 저 훼
凡人富貴를 不可歎羨詆毁니
범 차 수 사 　 유 범 지 자
凡此數事에 有犯之者면
족 이 견 용 심 지 부 정 　 어 정 심 수 신
足以見用心之不正이라 於正心修身에
대 유 소 해 　 인 서 이 자 경
大有所害라 因書以自警하노라』

直譯 범익겸의 좌우명에 말하기를, "첫째, 조정에서의 이해와 변방으로부터의 보고와 관직의 임명에 대하여 말하지 말 것. 둘째, 고을의 벼슬살이 하는 관리들의 장단점과 득실(得失)에 대하여 말하지 말 것. 셋째, 여러 사람이 저지른 악한 일을 말하지 말것. 넷째, 벼슬에 나가는 것과 기회를 따라 권세에 아부하는 일에 대하여 말하지 말 것. 다섯째, 재산의 많고 적음이나 가난을 싫어하고 부(富)를 바라는 것을 말하지 말것. 여섯째, 음탕하고 난잡한 농담이나 여색(女色)에 대한 생각을

말하지 말 것. 일곱째, 남의 물건을 탐내거나 술과 음식을 억지로 요구하지 말 것. 그리고 남이 부치는 편지를 뜯어보거나 지체 시켜서는 안되며, 남과 같이 앉아 있으면서 남의 사사로운 편지를 엿보아서는 안되며, 무릇 남의 집에 들어감에 남의 만든 글을 보지 말며, 남의 물건을 빌렸을 때 이것을 손상시키거나 돌려주지 않으면 안된다. 무릇 음식을 먹음에 가려서 취하지 말며, 남과 같이 있으면서 스스로의 편리만을 가리어 취하지 말라. 무릇 남의 부하고 귀한 것을 부러워하거나 헐뜯지 말라. 무릇 이 몇 가지 일을 범하는 자가 있으면 넉넉히 그 마음쓰는 것의 바르지 않음을 알 수 있으며, 마음을 바르게 하고 몸을 닦는데 크게 해 되는 바가 있는지라. 이로 인하여 이 글을 써서 스스로 경계하노라."고 하였다.

訓音讀

范 성 **범**
除 버릴 **제**
趨 달릴 **추**
慢 거만할 **만**
索 찾을 **색**
滯 막힐 **체**
喫 마실 **끽**
羨 부러울 **선**
犯 범할 **범**
因 인할 **인**
謙 겸손할 **겸**
縣 고을 **현**
擇 가릴 **택**
評 평론한 **평**
坼 터질 **탁**
窺 엿볼 **규**
揀 가릴 **간**
還 돌아올 **환**
警 경계할 **경**
廷 조정 **정**
厭 싫을 **염**
淫 음란할 **음**
覓 찾을 **멱**
沈 가라앉을 **침**
壞 무너질 **괴**
歎 탄식 **탄**
毁 헐 **훼**
修 닦을 **수**

原 文

무왕 문태공 왈 인거세상
武王이 問太公 曰『人居世上에

하득귀천빈부부등 원문설지
何得貴賤貧富不等고 願聞說之하여

욕지시의
欲知是矣로이다』

태공 왈 부귀 여성인지덕
太公이 曰『富貴는 如聖人之德하여

개유천명 부자 용지유절
皆有天命이어니와 富者는 用之有節하고

불부자 가유십도
不富者는 家有十盜니라』

直 譯 무왕이 태공에게 말하기를, "사람이 세상을 사는데 어찌하여 귀천과 빈부가 고르지 않습니까? 원컨대 말씀을 들어서 이를 알고자 합니다." 태공이 대답하기를, "부귀는 성인의 덕과 같아서 다 천명(天命)에 말미암거니와 부자는 쓰는 것이 절도(節度)있고, 부(富)하지 못한 자는 집에 열가지 도둑이 있기 때문입니다."

註 무왕(武王: 서기전1169~1116): 주(周)나라 문왕(文王)의 아들로 이르미은 발(發)이다. 부왕(父王)의 유업을 계승하여 아우 단(旦)과 협력하여 은(殷)나라 주왕(紂王)을 쳐서 멸하고 주왕조(周王朝)를 세웠다.
강태공(姜太公): 여상을 왕사(王師)로 받들었다. 후에 태공은 제(齊)에 봉함을 받아 시조가 되었다.

訓音讀

武 호반 **무**	等 무리 **등**	願 원할 **원**
聞 들을 **문**	欲 하고자할 **욕**	德 큰 **덕**
由 말미암을 **유**		

原文

武王이 曰『何謂十盜이오』

太公이 曰『時熟不收 爲一盜요 收積不了 爲二盜요 無事燃燈寢睡 爲三盜요 慵懶不耕이 爲四盜요 不施功力이 爲五盜요 專行巧害 爲六盜요 養女太多 爲七盜요 晝眠懶起 爲八盜요 貪酒嗜慾이 爲九盜요 强行嫉妒 爲十盜이다』

直譯 무왕이 말하기를, "무엇을 십도(十盜)라고 합니까?" 태공이 대답하기를 "곡식이 익은 것을 제때에 거둬들이지 않는 것이 첫째의 도둑이요, 거두고 쌓는 것을 마치지 않는 것이 둘째의 도둑이

요, 일없이 등불을 켜놓고 잠자는 것이 셋째의 도둑이요, 게을러서 밭갈지 않는 것이 넷째의 도둑이요, 공들여 일하지 않고 남에게 베풀지 않는 것이 다섯째의 도둑이요, 오로지 교활하고 해로운 일만 행하는 것이 여섯째의 도둑이요, 딸을 너무 많이 기르는 것이 일곱째의 도둑이요, 낮잠자고 아침에 일어나기를 게을리 하는 것이 여덟째의 도둑이요, 술을 탐하고 환락을 즐기는 것이 아홉째의 도둑이요, 심히 남을 시기하고 질투하는 것이 열째의 도둑입니다."고 하셨다.

訓音讀

盜 도둑 **도**	熟 익을 **숙**	積 쌓을 **적**
了 마칠 **료**	燃 탈 **연**	妬 투기할 **투**
燈 등 **등**	睡 졸음 **수**	懶 게으를 **라**
嫉 질투할 **질**	晝 낮 **주**	嗜 즐길 **기**

原文

무왕 왈
武王이 曰

가무십도이불부자 하여
『家無十盜而不富者는 何如이오』

태공 왈 인가 필유삼모
太公이 曰『人家에 必有三耗니이다』

무왕 왈 하명삼모
武王이 曰『何名三耗이오』

태공 왈 창고누람불개
太公이 曰『倉庫漏濫不蓋하여

서작난식 위일모 수종실시
鼠雀亂食이 爲一耗요 收種失時가

위이모 포살미곡예천 위삼모
爲二耗요 抛撒米穀穢賤이 爲三耗니이다』

直譯 무왕이 말하기를, "집에 열 가지 도둑이 없는 데도 부유하지 못한 것은 어찌하여 그럽니까?" 태공이 말하기를, "그런 사람의 집에는 반드시 삼모(三耗)가 있을 것입니다." "무엇을 삼모라고 말합니까?" "창고가 뚫려 있는 데도 가리지 않아 쥐와 새들이 어지러이 먹어대는 것이 첫째의 모

(耗)요, 밭에 씨를 제때에 뿌리지 않았거나 제때에 거두어들이지 못하는 것이 둘째의 모요, 곡식을 땅에 흘리고 더럽히고 천하게 다루는 것이 셋째의 모입니다."고 하셨다.

訓音讀

耗 소모할 **모**	庫 곳집 **고**	鼠 쥐 **서**
雀 참새 **작**	亂 어지러울 **란**	抛 버릴 **포**
撒 뿌릴 **살**	穢 더러울 **예**	

原文

무왕　　왈
武王이 曰

가무삼모이불부자　　하여
『家無三耗而不富者는 何如닛고』

태공　　왈　인가　　필유일착치오삼치
太公이 曰『人家에 必有一錯二誤三痴

사실오역육불상칠노팔천구우십강
四失五逆六不祥七奴八賤九愚十强하여

자초기화　　비천강앙
自招基禍요 非天降殃이니다』

直譯 무왕이 묻기를, "집에 삼모도 없는데 부유하지 못한 것은 어찌하여 그럽니까?" 태공이 대답하기를, "그런 사람의 집에는 반드시 이착(一錯), 이오(二誤), 삼치(三痴), 사실(四失), 오역(五逆), 육불상(六不祥), 칠노(七奴), 팔천(八賤), 구우(九愚), 십강(十强)이 있어서 스스로 그 화를 부르는 것이요, 하늘이 재앙을 내리는 것이 아닙니다."고 하셨다.

訓音讀 錯 그릇 **착**　誤 그르칠 **초**　痴 어리석을 **치**
降 내릴 **강**　殃 재앙 **앙**

原文

무왕　　왈　원실문지
武王이 曰『願悉聞之하나이다』

태공　　왈　양남불교훈　　위일착
太公이 曰『養男不教訓이 爲一錯이요

영해불훈　　위이오
嬰孩不訓이며 爲二誤요

초영신부불행엄훈　　위삼치
初迎新婦不行嚴訓이 爲三痴요

미어선소　위사실　　불양부모
未語先笑가 爲四失이요 不養父母가

위오역　　야기적신　　위육불상
爲五逆이요 夜起赤身이 爲六不祥이요

호만타궁　위칠노　애기타마
好挽他弓이 爲七奴요 愛騎他馬가

위팔천　　끽타주권타인　　위구우
爲八賤이요 喫他酒勸他人이 爲九愚요

끽타반명붕우　　위십강
喫他飯命朋友가 爲十强이니다』

무왕　　왈　심미성재　　시언야
武王이 曰『甚美誠哉라 是言也이오』

直 譯 무왕이 말하기를, "그 내용을 자세히 듣기를 원합니다." 태공이 대답하기를, "아들을 기르며 가르치지 않는 것이 첫째의 잘못이요, 어린 아이를 훈계하지 않는 것이 둘째의 그름이요, 새 아내를 맞아들여서 엄하게 가르치지 않는 것이 셋째의 어리석음이요, 말하기 전에 웃기부터 먼저 하는 것이 넷째의 과실이요, 부모를 봉양하지 않는 것이 다섯째의 거스름이요, 밤에 알몸으로 일어나는 것이 여섯째의 상서롭지 못함이요, 남의 활을 당기기를 좋아하는 것이 일곱째의 상스러움이요, 남의 말을 타기를 좋아하는 것이 여덟째의 천함이요, 남의 술을 마시면서 다른 사람에게 권하는 것이 아홉째의 어리석음이요, 남의 밥을 빌어먹으면서 벗에게 주는 것이 열째의 뻔뻔함이 되는 것입니다."고 하셨다. 무왕이 말하기를, "아아! 심히 아름답고 진실하도다. 그 말씀이여." 라고 하셨다.

訓音讀

願 원할 **원**	悉 모두 **실**	養 기를 **양**
孩 어릴 **해**	迎 맞을 **영**	失 잃을 **실**
祥 상서로울 **상**	挽 당길 **만**	奴 종 **노**
騎 말탈 **기**	勸 권할 **권**	誠 정성 **성**

정사를 다스리는 것을 가르치는 글

처음 취직한 사람의 복무 태도로서 좋은 정신적 지침의 글이다. 정치가나 관료, 민간 기업체의 경영진이나 사원, 학생이나 교원까지도 일을 당하여 본말을 전도함이 없이 근본을 바로 세우고 심사숙고하면 그 다음 행동은 스스로 풀려나온다는 것을 다시 한 번 명심할 기회를 가져보아야 하겠다.

原文

명도선생　왈
明道先生이 日

일명지사 구유존심어애물
『一命之士 苟有存心於愛物이면

어인　필유소제
於人에 必有所濟니라』

直　譯 명도선생이 말하기를, "처음으로 벼슬을 얻은 사람이라도 진실로 물건을 사랑하는데 마음을 쓴다면 남에게 반드시 도움을 받는 바가 있느니라."고 하셨다.

解　說 공직에 처음 임용된 사람은 무엇보다 국가의 재산인 물건을 아끼는 것부터 배워야 한다는 것이다.

註 명도선생(明道先生: 1032~1085): 북송(北宋)때의 대유학자로, 성은 정(程), 이름은 호(顥), 자는 백순(伯淳)이며 호는 명도(明道)이다. 우주와 사람의 본성은 본래는 동일한 것이라고 주장한 사람이다.

訓音讀 道 길 **도**　苟 진실로 **구**　愛 사랑 **애**
物 물건 **물**　濟 건널 **제**

原文

당태종어제 운
唐太宗御製에 云

상유휘지 중유승지
『上有麾之하고 中有乘之하고

하유부지 폐백의지 창름식지
下有附之하여 幣帛衣之요 倉廩食之하니

이봉이록 민고민지
爾俸爾祿이 民膏民脂니라

하민 이학 상창 난기
下民은 易虐이어니와 上蒼은 難欺니라』

直譯 당나라 태종의 어제에 이르기를, "위에는 지시하는 이가 있고, 중간에는 이에 의하여 다스리는 관원이 있고, 그 아래에는 이에 따르는 백성이 있다. 예물로서 받은 비단으로 옷 지어 입고, 곳간에 있는 곡식으로 밥을 해 먹으니, 너희의 봉록은 다 백성들에게서 짜낸 기름인 것이다. 아래에 있는 백성은 학대하기가 쉽지만 위에 있는 푸른 하늘은 속이기 어려우니라."고 하셨다.

解 說 백성들을 귀하게 여기어서 어진 정치를 하여야 한다는 것이다.

註 당태종(唐太宗: 598~649): 당(唐)나라의 제 2대 임금으로 이름은 이세민(世民)이며, 아버지 이연(李淵)을 도와 수나라를 멸하고 당나라를 세웠다.

訓音讀

唐 나라 **당**	宗 마루 **종**	製 지을 **제**
麾 대장기 **휘**	乘 탈 **승**	幣 비단 **폐**
帛 비단 **백**	爾 너 **이**	俸 녹 **봉**
虐 사나울 **학**		

原文

동몽훈　　왈　당관지법
童蒙訓에 曰『當官之法이

유유삼사　　　왈청왈신왈근
唯有三事하니 曰淸曰愼曰勤이라

지차삼자　　지소이지신의
知此三者면 知所以持身矣니라』

直譯 〈동몽훈〉에 말하기를, "관리된 자의 지켜야 할 법은 오직 세 가지가 있으니, 청렴과 신중과 근면이다. 이 세 가지를 알면 처신할 바를 아느니라." 고 하셨다.

解說 공직자가 꼭 지켜야할 세 가지(1. 청렴, 2. 신중, 3. 근면)을 이야기한 것이다.

註 동몽훈(童蒙訓): 송(宋)나라 때 여본중(呂本中)이 어린 아이들을 가르치기 위해 지은 책이다.

訓音讀
童 아이 동　　蒙 어릴 몽　　勤 부지런할 근
此 이 차　　持 가질 지

原文

당관자 필이폭노위계
唐官者는 必以暴怒爲戒하여
사유불가 당상처지
事有不可어든 當詳處之면
필무부중 약선폭노
必無不中이어니와 若先暴怒면
지능자해 기능해인
只能自害라 豈能害人이리오

直譯 관직에 있는 자는 반드시 심하게 성내는 것을 경계하라. 일에 옳지 않음이 있거든 마땅히 자상하게 처리하면 반드시 맞지 않는 것이 없으려니와 만약 성내기부터 먼저 한다면 오직 자신을 해롭게 할 뿐이라. 어찌 남을 해롭게 할 수 있으리요.

解說 위정자는 국민이나 부하에게 군림하려 들지 마고 우선 겸손해야 한다는 것이다.

訓音讀 暴 사나울 폭　怒 성낼 노　戒 경계 계
處 살 처　豈 어찌 기

原文

사군 여사친 사장관
事君에 如事親하며 事長官을

여사형 여동료 여가인
如事兄하며 與同僚를 如家人하며

대군리 여노복
待羣吏를 如奴僕하며

애백성 여처자
愛百姓을 如妻子하며

처관사 여가사연후
處官事를 如家事然後에야

능진오지심 여유호말부지
能盡吾之心이니 如有毫末不至면

개오심 유소미진야
皆吾心에 有所未盡也니라

直譯 임금을 섬기는 것을 어버이를 섬기는 것 같이 하며, 윗사람 섬기기를 형을 섬기는 것 같이 하며, 동료(벗)를 대하기를 자기집 사람같이 하며, 여러 아전 대접하기를 자기집 노복(奴僕)같이 하며, 백성 사랑하기를 처자(妻子)같이 하며, 나라 일 처리하기를 내 집안 일처럼 하고 난 뒤에야 능히

내 마음을 다했다 할 것이니라. 만약 털끝만치라도 다하지 못함이 있으면 모두 내 마음에 다하지 못한 바가 있기 때문이니라.

解 說 공직자나 직장인이 자기가 맡은 일을 자기 가정의 일처럼 애정을 갖고 처리 하자는 것이다.

訓音讀

僚 동료 **료**　　僕 종 **복**　　能 능할 **능**
盡 다할 **진**　　吾 나 **오**

原文

혹 문 부 좌령자야
惑이 問『簿는 佐令者也니

부욕소위 영혹부종 내하
簿欲所爲를 令或不從이면 柰何이오』

이천선생 왈 당이성의동지
伊川先生이 曰『唐以誠意動之니라

금령여부불화 변시쟁사의 영
今令與簿不和는 便是爭私意요 令은

시읍지장 약능이사부형지도
是邑之長이니 若能以事父兄之道로

사지 과즉귀기
事之하여 過則歸己하고

선즉유공불귀어령 적차성의
善則唯恐不歸於令하여 積此誠意면

기유부동득인
豈有不動得人이리오』

直譯 어떤 사람이 묻기를, "부(簿·주부)는 수령(현령)을 보좌하는 자입니다. 주부가 하고자 하는 바를 수령이 혹시 따르지 않는다면 어떻게 합니까?" 이천선생(伊川先生)이 대답하기를, "마땅히 성의

(誠意)로써 움직여야 할 것이니라. 이제 수령과 주부가 화목치 않는 것은 곧 사사로운 생각으로 다투는 것이니라. 수령은 고을의 장관이니 만약 부형(父兄)을 섬기는 도리로 섬겨서 잘못이 있으면 자기에게 돌리고, 잘한 것은 수령에게로 돌아가지 않을 것을 두려워해서 이와 같은 성의를 쌓는다면 어찌 사람을 움직이지 못함이 있으리요." 라고 하셨다.

註

이천(伊川: 1033~1107): 북송(北宋)때의 학자로 명도(明道)선생의 아우이며, 성은 정(程), 이름은 이, 자는 정숙(正淑), 이천은 호이다. 성리학(性理學)의 대가.

부(簿): 주부(主簿)로 관청의 장을 보좌하는 직책.

訓音讀

簿 맡을 **부**	佐 도울 **좌**	柰 어찌 **내**
伊 저 **이**	爭 다툴 **쟁**	邑 고을 **읍**
歸 돌아갈 **귀**	恐 두려울 **공**	積 쌓을 **적**

原文

유안례문임민　　　명도선생　　왈
劉安禮問臨民한대 明道先生이 曰
사민　　각득수기정
『使民으로 各得輸其情이니라』
문어리　　　왈　정기이격물
問御吏한대 曰『正己以格物이니라』

直譯 유안례가 백성에 임하는 도리를 물으니 명도 선생이 말하기를, "백성으로 하여금 각각 그들의 뜻을 펴게 할지니라." 벼슬아치를 다스리는 도리를 물으니, "자기를 바르게 함으로써 남을 바르게 할지니라."고 하셨다.

解說 자기자신부터 바르게 하여 모범이 됨으로써 자기 밖의 모든 것을 바르게 하라는 것이다.

註 유안례(劉安禮): 북송(北宋)때의 사람으로 자는 원소(元素)이다.

訓音讀 劉 성 **유**　輸 실어낼 **수**　御 어거할 **어**
吏 관리 **리**　格 바로잡을 **격**

原文

포 박 자 왈 영 부 월 이 정 간
抱朴子 曰『迎斧鉞而正諫하며
거 정 확 이 진 언 차 위 충 신 야
據鼎鑊而盡言이면 此謂忠臣也이니라』

直 譯 〈포박자〉가 말하기를, "도끼로 맞는 형벌을 당하여 죽는다 하더라도 바르게 아뢰고, 솥에 넣어서 죽이려 하더라도 옳은 말을 다하면 이것을 충신(忠臣)이라 할 것이니라."고 하였다.

解 說 죽음을 무릅쓰고라도 바른대로 간하는 것이 진정한 충신이라는 것이다.

註 포박자(抱朴子): 진(晋)나라 초기의 도가(道家)학자로 성은 갈(葛), 이름은 홍(洪), 포박자는 호다. 저서로는 <포박자>가 있다.

訓音讀

抱 안을 **포**	斧 도끼 **부**	鉞 도끼 **월**
諫 간할 **간**	據 웅거할 **거**	鼎 솥 **정**

집안을 다스리는 것을 가르치는 글

가정생활의 참된 의미를 깨닫게 해주는 글이다.
행복한 가정은 인간에게 가장 복된 요소이다. 그 가정이 불행하면 한 개인의 불행은 말할 것도 없고 그런 개인들로 이루어진 사회형태조차 위태롭게 한다.
그러므로 옛부터 가정을 원만하고 화목하며 복되게 이끄는 것을 무엇보다 소중하게 여겨왔던 것이다.

原文

사마온공 왈 범제빙유 사무대소
司馬溫公이 曰『凡諸卑幼는 事無大小이

무득전행 필자품어가장
毋得專行하고 必咨稟於家長이니라』

直譯 사마온공이 말하기를, "무릇 손아래 사람들은 일의 크고 작음에 관계없이 제멋대로 행동하지 말고 반드시 집안 어른께 여쭈어보고서 해야 하느니라."고 하였다.

解說 가정의 구성원 모두는 크고 작은 일 관계없이 가장에게 여쭈어보거나 상의를 드린 다음 실행해야 한다는 것이다.

訓音讀

司 맡을 **사** 卑 낮을 **비** 毋 말 **무**
專 오로지 **전** 咨 물을 **자**

原文

대객　부득불풍
待客에 不得不豊이요
치가　부득불검
治家에 不得不儉이니라

直譯 손님 접대는 풍성하게 하고, 살림살이는 검소하게 하지 않을 수 없느니라.

解說 남에게는 따뜻하고 자기에게는 엄격해야 할 것이라는 가르침이다.

訓音讀 待 대접할 **대**　客 손 **객**　得 얻을 **득**
豊 풍년 **풍**　儉 검소할 **검**

原文

태공　　왈
太公이 曰

지인　　외부　　현녀　　경부
『痴人은 畏婦고 賢女는 敬夫이니라』

直譯 태공이 말하기를, "어리석은 사람은 아내를 두려워하고, 어진 여자는 남편을 공경하느니라."고 하셨다.

解說 아내는 남편을 공경해야지 남편이 자기를 두려워하게 해서는 안 된다는 것이다.

訓音讀 痴 어리석을 **치**　畏 두려울 **외**　婦 며느리 **부**
賢 어질 **현**　敬 공경 **경**

原文

범 사 노 복
凡使奴僕에
선 념 기 한
先念飢寒이니라

直譯 무릇 노복(奴僕)을 부리는 데는 먼저 그들의 춥고 배고픔을 생각할지니라.

解說 다른 이의 고통을 먼저 자기 자신이 체험해야 한다는 것이다.

訓音讀

使 부릴 사	奴 종 노	僕 종 복
飢 주릴 기	寒 찰 한	

原文

자 효 쌍 친 락
子孝雙親樂이오
가 화 만 사 성
家和萬事成이니라

直 譯 자식이 효도하면 두 어버이가 즐겁고, 집안이 화목하면 만사가 이루어 지느니라.

解 說 수신제가치국평천하(修身齊家治國平天下)를 뜻하는 것이다.

訓音讀

雙 두 **쌍** 親 친할 **친** 樂 즐길 **락**
家 집 **가** 萬 일만 **만**

原文

시 시 방 화 발
時時防火發하고
야 야 비 적 래
夜夜備賊來니라

直譯 항상 불이 나는 것을 예방하고 도적이 드는 것을 방비할지니라.

解說 유비무환(有備無患)를 뜻하는 것이다.

訓音讀
防 막을 **방** 發 필 **발** 夜 밤 **야**
備 갖출 **비** 賊 도적 **적**

原文

경 행 록 운 관 조 석 지 조 안
景行錄에 云『觀朝夕之早晏하여
가 이 복 인 가 지 흥 체
可以卜人家之興替니라』

直譯 〈경행록〉에 이르기를, "아침 저녁밥의 이르고 늦음을 보아 가히 그 사람의 집의 흥하고 쇠함을 알 수 있느니라."고 하셨다.

解說 일찍 일어나고 늦게 자야 부지런해서 잘 산다는 것이다.

訓音讀
錄 기록할 **록** 觀 볼 **관** 晏 늦을 **안**
興 흥할 **흥** 替 쇠퇴할 **체**

原文

문 중 자 왈
文仲子 曰

혼 취 이 론 재　　이 로 지 도 야
『婚娶而論財는 夷虜之道也니라』

直 譯 문중자가 말하기를, "혼인하고 장가드는 데 재물을 논하는 것은 오랑캐나 하는 일이니라."고 하셨다.

解 說 사랑으로 엮어져 서로의 헌신으로 이룩하고 인내로 행복한 가정을 이끌어나가야 한다는 것이다.

註 문중자(文仲子): 수(隋)나라 학자로 이름은 왕통(王通)이고 육성에 힘썼으며, 두여회(杜如晦), 위징(魏徵)등 고명한 제자들이 있다.

訓音讀 婚 혼인 **혼**　　娶 장가들 **취**　　論 말할 **론**
夷 오랑캐 **이**　　虜 오랑캐 **로**

안의편(安義篇)

의리를 편안히 여기는 것을 가르치는 글

부부 · 부자 · 형제 · 친척 사이의 윤리도덕에 관한 글이다. 그 중에서도 부부관계는 인륜의 근본으로서, 그 도덕률 또한 엄격해야 한다. 부자 · 형제 사이의 윤리규범 역시 그와 비슷하다. 모든 자치규범이 흔들리고 있는 현대상황에서 오히려 그 전통적 의미가 빛나는 글들이라 할것이다.

原文

안씨가훈　왈
顔氏家訓에 曰

부유인민이후　유부부
『夫有人民而後에 有夫婦하고

유부부이후　유부자
有夫婦而後에 有父子하고

유부자이후　유형제
有父子而後에 有兄弟하니

일가지친　차삼자이이의
一家之親은 此三者而已矣라

자자이왕　지우구족
自玆以往으로 至于九族이

개본어삼친언고　어인륜
皆本於三親焉故로 於人倫에

위중야　불가부독
爲重也니 不可不篤이니라』

直譯 안씨 가훈에 말하기를, "대저 백성이 있은 후에 부부가 있고, 부부가 있은 후에 부자가 있고, 부자가 있은 후에 형제가 있나니, 한 집안의 친함은 이 세 가지 뿐이니라. 이에서부터 나아가 구족(九

族)에 이르기까지는 모두 삼친(三親, 부부, 부자, 형제)에 근본하는지라. 그러므로 인륜에 있어서 가장 중요하게 여기고 돈독하게 할지니라."고 하였다.

解 說 남편과 아내, 부모와 자식 그리고 형제의 삼친(三親)은 인륜중에서 가장 중요한 것일 뿐 아니라 이 사회의 굴대이며 핵이다. 그러므로 서로 사랑과 헌신으로 함께 하지 않으면 안된다는 것이다.

註 안씨가훈(顔氏家訓): 제(齊)나라의 안지추(顔之推)가 지었으며 두 권으로 되어 있다.

구족(九族): 고조(高祖)부터 증조 · 조부 · 부(父) · 자기 · 아들 · 손자 · 증손(曾孫) · 현손(玄孫)까지의 직계친(直系親)을 중심으로 하여 형제 · 종형제(從兄弟) · 재종형제(再從兄弟) · 삼종형제(三從兄弟)를 포함하는 동종친족(同宗親族)을 일컬음.

訓音讀

顔 얼굴 **안**	玆 이 **자**	往 갈 **왕**
族 겨레 **족**	故 연고 **고**	倫 인륜 **륜**
篤 도타울 **독**		

原文

장자왈 형제 위수족 부부
莊子曰『兄弟는 爲手足이고 夫婦는
위의복 의복파시 갱득신
爲衣服이니 衣服破時엔 更得新이어니와
수족단처 난가속
手足斷處엔 難可續이니라』

直譯 장자가 말하기를, "형제는 수족(手足)과 같고 부부는 의복과 같으니, 의복이 떨어졌을 때는 새 것으로 갈아입을 수 있거니와 수족이 잘라진 곳은 잇기가 어려우니라."고 하셨다.

解說 유교적 전통에 살아온 동양인은 혈연 중심의 사고 방식에 기인하는 형제우의를 숭상한 것을 말한 것이다.

訓音讀
服 옷 **복** 破 깨뜨릴 **파** 新 새 **신**
斷 끊을 **단** 續 이을 **속**

原文

소동파운 부불친혜빈불소
蘇東坡云『富不親兮貧不疎는

차시인간대장부 부즉진혜빈즉퇴
此是人間大丈夫요 富則進兮貧則退는

차시인간진소배
此是人間眞小輩니라』

直譯 소동파가 이르기를, "부유하다고 친하지 않으며, 가난하다고 멀리하지 않음은 이것이 바로 인간으로서의 대장부라 할 것이요, 부유하면 가까이 하고 가난하면 멀리 하는 것은 이는 곧 사람 중에서 참으로 마음이 작은 무리이니라."고 하셨다.

解說 사람이 잘 산다고 친절히 대하고, 못 산다고 기피하는 세상 사람들의 인정세태를 개탄하면서 이러한 인간이 바로 소인배라는 것이다.

訓音讀
蘇 깨어날 **소** 坡 언덕 **파** 疎 성길 **소**
丈 어른 **장** 進 나아갈 **진** 退 물러날 **퇴**
輩 무리 **배**

예를 따르는 것을 가르치는 글

예는 만사의 근본으로 간주되어 왔다. 준례는 예를 따른다는 의미로 풀이된다. 우리가 일상생활에서 반드시 실천해야 할 기본적인 예의범절을 비롯해 궁극적인 인간의 도에 관한 참된 예의에 이르기까지 여러 경구들이 포함되어 있다.

原文

자왈 거가유례고 장유변
子曰『居家有禮故로 長幼辨하고
규문유례고 삼족화
閨門有禮故로 三族和하고
조정유례고 관작서
朝廷有禮故로 官爵序하고
전렵유례고 융사한
田獵有禮故로 戎事閑하고
군려유례고 무공성
軍旅有禮故로 武功成이니라』

直譯 공자가 말하기를, "한 집안에 예가 있으므로 어른과 어린이가 분별이 있고, 안방에 예가 있으므로 삼족(三族)이 화목하고, 조정에 예가 있으므로 벼슬의 차례가 있고, 사냥하는데 예가 있으므로 군사(軍事)일이 숙달되고, 군대에 예가 있으므로 무공(武功)이 이루어지느니라."고 하셨다.

解說 예는 인간의 원초적인 실천 윤리이며 한 사회와 국가 그리고 개인을 지탱하는 등뼈이다.

訓音讀

辨 분별할 **변**	閨 안방 **규**	爵 벼슬 **작**
獵 사냥 **렵**	戎 군사 **융**	閑 한가할 **한**
軍 군사 **군**	旅 나그네 **려**	功 공 **공**

原文

자왈 군자 유용이무례 위란
子曰『君子가 有勇而無隸면 爲亂하고
소인 유용이무례 위도
小人이 有勇而無隸면 爲盜니라』

直譯 공자가 말하기를, "군자가 용맹만 있고 예의가 없으면 세상을 어지럽게 하고, 소인이 용맹만 있고 예의가 없으면 도둑이 되느니라."고 하셨다.

解說 군자이건 소인이건 예로써 스스로를 철저히 단속하여 상도(常道)를 어기지 말아야 한다는 것이다.

訓音讀
甬 날랠 **용**　　禮 예도 **례**　　爲 할 **위**
亂 어지러울 **란**　　盜 도둑 **도**

原文

증자왈 조정 막여작 향당
曾子曰『朝廷엔 莫如爵이요 鄕黨엔
막여치 보세장민 막여덕
莫如齒요 輔世長民엔 莫如德이니라』

直譯 증자가 말하기를, "조정에는 지위보다 좋은 것이 없고, 한 고을에는 나이가 많은 사람보다 나은 이가 없으며, 나라 일을 잘하고 백성을 다스리는 것에는 덕(德)만한 것이 없느니라."고 하셨다.

解說 지도자에게는 덕망이 가장 값진 것이라는 것이다.

註 증자(曾子: 서기전 506~ ?): 춘추(春秋)시대 노(魯)나라의 사상가로 이름은 삼(參)이다. 안자(顔子), 공자(孔子), 맹자(孟子)와 더불어 네 성인으로 일컬어진다.

訓音讀

曾 일찍 **증** 廷 조정 **정** 鄕 마을 **향**
黨 무리 **당** 齒 이 **치** 輔 도울 **보**
德 큰 **덕**

原文

노 소 장 유　　천 분 질 서
老少長幼는 天分秩序니
불 가 패 리 이 상 도 야
不可悖理而傷道也이니라

直 譯 늙은이와 젊은이, 어른과 아이는 하늘이 정한 차례이니 사물(事物)의 도리를 어기고 도(道)를 상하게 하지 못하느니라.

解 說 그 누구도 하늘이 정해준 차례를 거역할 수는 없다는 것이다.

訓音讀
長 길 **장**　　秩 차례 **질**　　悖 거스를 **패**
傷 상할 **상**　　道 길 **도**

原文

출 문 여 견 대 빈
出門如見大賓하고
입 실 여 유 인
入室如有人이니라

直譯 밖에 나설 때는 큰 손님을 대하는 것 같이하고, 방으로 들 때는 사람이 있는 것 같이하라.

解說 사람이 예의를 갖추는 데는 내면적인 진실성과 태도의 성실성이 바탕을 이루고 일상생활을 통하여 몸소 실천하는 것이 무엇보다 중요하다는 것이다.

訓音讀
如 같을 **여**　見 볼 **견**　賓 손 **빈**
室 집 **실**　有 있을 **유**

原文

약 요 인 중 아
若要人重我면
무 과 아 중 인
無過我重人이니라

直譯 만약 남이 나를 중하게 여김을 바란다면, 내가 먼저 남을 중히 여겨야 하느니라.

解說 사람은 상대적이다. 남이 나를 소중히 여기기를 바란다면 먼저 내가 남을 소중히 대해야 한다는 것이다.

訓音讀 若 같을 **약** 要 구할 **요** 重 무거울 **중**
我 나 **아** 過 지날 **과**

原文

부 불 언 자 지 덕
父不言子之德하며
자 불 담 부 지 과
子不談父之過니라

直譯 아버지는 아들의 덕을 말하지 말 것이며, 자식은 어버이의 허물을 말하지 아니 할지니라.

解說 부모는 자식을 자랑하지 말고, 자식은 부모의 잘못된 점을 말하지 말아야 한다는 것이다.

訓音讀

父 아비 **부**	言 말씀 **언**	德 덕 **덕**
談 말씀 **담**	過 허물 **과**	

언어편(言語篇)

말을 조심하는 것을 가르치는 글

말이란 약이 될 수도 있고, 독이 될 수도 있는 양면성을 지니고 있다. 언어생활은 그 사람의 교양이나 배움의 정도를 가장 정확하게 나타내는 것이기도 하다. 따라서 말이 우리의 생활에서 얼마나 중요한지는 새삼 언급할 필요도 없을 것이다.

이 말을 천금처럼 소중히 여기라는 금언들로 이루어져 있다.

原文

유 회 왈
劉會曰

언 부 중 리　　불 여 불 언
『言不中理면 不如不言이니라』

直譯 유회가 말하기를, "말이 이치에 맞지 않으면, 말하지 아니함만 못하느니라."고 하셨다.

解說 말이 이치에 맞지 않으면 말하지 아니함만 못하다는 것이다.

訓音讀

劉 성 **류**　　會 모을 **회**　　不 아닐 **불**
理 다스릴 **리**　　如 같을 **여**

原文

일 언 부 중
一言不中이면
천 어 무 용
千語無用이니라

直譯 한 마디 말이 이치에 맞지 않으면, 천 마디의 긴 말이라도 쓰일 데가 없느니라.

解說 말은 때와 장소, 상대방에 따라 이치에 맞아야 한다는 것이다.

訓音讀 言 말씀 **언** 中 가운데 **중** 千 일천 **천**
語 말씀 **어** 無 없을 **무**

原文

군평 왈 구설자 화환지문
君平이 曰『口舌者는 禍患之門이요
멸신지부야
滅身之斧也니라』

直譯 군평이 말하기를, "입과 혀는 화(禍)와 근심의 근본이며, 몸을 망하게 하는 도끼와 같은 것이니 말을 삼가야 할지니라."고 하셨다.

解說 입과 혀는 재앙과 근심의 가장 큰 원인이고 스스로를 망치는 수단이 되므로 말을 삼가야 한다는 것이다.

註 군평(君平): 전한(前韓) 무제(武帝) 때 사람으로 점술가이다.

訓音讀

平 평평할 **평** 禍 재앙 **화** 患 근심 **환**
滅 멸할 **멸** 斧 도끼 **부**

原文

이 인 지 언 　 난 여 면 서
利人之言은 煖如綿絮하고
상 인 지 어 　 이 여 형 극
傷人之語는 利如荊棘하여
일 언 이 인 　 중 치 천 금
一言利人에 重値千金이요
일 어 상 인 　 통 여 도 할
一語傷人에 痛如刀割이니라

直譯 사람을 이롭게 하는 말은 따뜻하기가 솜과 같고, 사람을 상하게 하는 말은 날카롭기가 가시같아서 한 마디 말이 사람을 이롭게 할 때에 중하기가 천금과 같고, 한 마디 말이 사람을 해롭게 할 때에 아프기가 칼로 베는 것과 같으니라.

解說 말은 삼가고 삼가할 일이라는 것이다.

訓音讀 綿 솜 면　　絮 솜 서　　荊 가시 형
棘 가시나무 극　　痛 아플 통

原文

구시상인부 언시할설도
口是傷人斧요 言是割舌刀니
폐구심장설 안신처처뢰
閉口深藏舌이면 安身處處牢니라

直譯 입은 사람을 상하게 하는 도끼요, 말은 혀를 베는 칼이니, 입을 막고 혀를 깊이 감추면 몸이 어느 곳에 있어도 편안할 것이니라.

解說 거듭 말을 삼가고 적게 하라는 것이다.

訓音讀 傷 상할 **상** 割 베일 **할** 閉 닫을 **폐**
藏 감출 **장** 牢 굳을 **뢰**

原文

봉 인 차 설 삼 분 화
逢人且說三分話하고
미 가 전 포 일 편 심
未可全抛一片心이니
불 파 호 생 삼 개 구
不怕虎生三個口요
지 공 인 정 양 양 심
只恐人情兩樣心이니라

直譯 사람을 만나거든 말을 10분에 3만 하되, 한 마디라도 자기의 마음속에 있는 것을 다 말하지 말지니, 호랑이가 세 번 입을 벌리는 것을 두려워하지 말고, 오직 사람의 두 마음을 두려워 할지니라.

解說 거듭 말을 아끼고 아끼라는 것이다.

訓音讀 逢 만날 **봉** 　抛 던질 **포** 　個 낱 **개**
恐 두려울 **공** 　樣 모양 **양**

原文

주 봉 지 기 천 종 소
酒逢知己千鍾少요
화 불 투 기 일 구 다
話不投機一句多니라

直譯 술은 나를 잘 아는 친구를 만나면 천 잔을 마셔도 부족하지만, 말은 뜻이 맞지 않으면 한 마디도 많으니라.

解說 술을 함께 하는 것도, 대화를 함께 하는 것도 무엇보다 내 뜻을 알아주는 이와 하고, 서로 마음이 통하지 않으면 가능한한 자리를 피하는 것이 낫다는 것이다.

訓音讀

酒 술 주　　逢 만날 봉　　鍾 술병 종
話 말씀 화　　投 던질 투

교우편 (交友篇)

친구와의 사귐을 가르치는 글

인생에 있어서 벗이 차지하는 비중이 매우 크다는 말이다. 이처럼 소중한 우정에 관한 올바른 가르침과 그 중에서도 '학문을 좋아하는 사람과 동행하면 마치 안개 속을 가는 것과 같아서 비록 옷은 젖지 않아도 때때로 물기가 배어 들고' 같은 대목은 참으로 탁월한 명문이라 할 것이다.

原文

자 왈
子曰

여선인거 여입지란지실
『與善人居에 如入芝蘭之室하여

구이불문기향 즉여지화의
久而不聞其香하되 卽與之化矣요

여불선인거 여입포어지사
與不善人居에 如入鮑魚之肆하여

구이불문기취 역여지화의
久而不聞其臭하되 亦與之化矣니

단지소장자 적
丹之所藏者는 赤하고

칠지소장자 흑 시이 군자
漆之所藏者는 黑이라 是以로 君子는

필신기소여처자언
必愼其所與處者焉이니라』

直譯 공자가 말하기를, "착한 사람과 같이 살면 향기로운 지초와 난초가 있는 방 안에 들어간 것과 같아서 오래도록 그 냄새를 알지 못하나 곧 더불어 그 향기와 동화되고, 착하지 못한 사람과 같이

있으면 생선 가게에 들어간 것과 같아서 오래되면 그 나쁜 냄새를 알지 못하나 또한 더불어 동화되나니, 붉은 것을 지니고 있으면 붉어지고 옻(漆)을 지니고 있으면 검어지느니라. 그러므로 군자는 반드시 그 있는 곳을 삼가야 하느니라."고 하셨다.

解 說 좋은 친구와 오래 함께하면 자신도 모르는 사이에 좋게 되고, 나쁜 친구와 오래 함께하면 자신도 모르게 나쁘게 된다. 그리고 인간은 환경의 지배를 받기 때문에 좋은 곳과 좋은 점만을 보고 들어야 한다는 것이다.

訓音讀

芝 지초 **지**	蘭 난초 **란**	鮑 생선 **포**
肆 저자 **사**	愼 삼갈 **신**	處 곳 **처**

原文

가어 운
家語에 云

여호학인동행 여무로중행
『與好學人同行이면 如霧露中行하여

수불습의 시시유윤
雖不濕衣라도 時時有潤하고

여무식인동행 여측중좌
與無識人同行이면 如厠中坐하여

수불오의 시시문취
雖不汚衣라도 時時聞臭니라』

直譯 〈공자가어〉에 이르기를, "학문을 좋아하는 사람과 동행(同行)한다면 마치 안개 속을 가는 것과 같아서 비록 옷은 적시지 않더라도 때때로 윤택함이 있고, 무식한 사람과 동행하면 마치 뒷간에 앉은 것 같아서 비록 옷은 더럽히지 않더라도 때때로 그 냄새가 맡아지느니라."고 하셨다.

解說 학문을 좋아하는 사람과 가까이 하면 은연중에 자신도 학문에 정진하며, 무식한 사람과 함께 하면 자신의 학문도 낮아진다는 것이다.

訓音讀

好 좋을 **호** 霧 안개 **무** 露 이슬 **로**
濕 젖을 **습** 潤 젖을 **윤** 厠 뒷간 **측**
汚 더러울 **오** 臭 냄새 **취**

原文

자 왈 안 평 중 신 여 인 교
子曰『晏平仲은 善與人交로다
구 이 경 지
久而敬之온여』

直譯 공자가 말하기를, "안평중은 사람 사귀기를 잘한다. 한 번 사귀면 오래도록 공경하니라."고 하셨다.

解說 오래 사귀어도 흐트러짐이 없이 상대방을 공경하라는 것이다.

註 안평중(晏平仲): 춘추(春秋)시대 제(齊)나라의 재상으로 이름은 영, 호가 평중이다.

訓音讀
晏 늦을 **안** 仲 버금 **중** 善 착할 **선**
與 더불 **여** 敬 공경할 **경**

상식 만천하
相識이 滿天下하되
지심능기인
知心能幾人고

直譯 서로 얼굴을 아는 사람은 온 세상에 많이 있으되, 마음을 아는 사람은 몇이나 되겠는고.

解說 지기(知己)가 흔하지 않고 만나기가 쉽지 않다는 것이다.

訓音讀 相 서로 **상** 識 알 **식** 滿 찰 **만**
能 능할 **능** 幾 몇 **기**

原文

주 식 형 제 　 천 개 유
酒食兄弟는 千個有로되
급 난 지 붕 　 일 개 무
急難之朋은 一個無니라

直譯 서로 술이나 음식을 함께 할 때에는 형이니 동생이니 하는 친구가 많으나, 급하고 어려운 일을 당하였을 때에 도와줄 친구는 하나도 없느니라.

解說 마음을 터놓고 벗을 사귀기가 쉽지 않다는 것이다.

訓音讀

食 밥 **식**	個 낱 **개**	急 급할 **급**
難 어려울 **난**	朋 벗 **붕**	

原文

불결자화 휴요종
不結子花는 休要種이요
무의지붕 불가교
無義之朋은 不可交니라

直譯 열매를 맺지 않는 꽃은 심지 말고, 의리 없는 친구는 사귀지 말지니라.

解說 친구를 사귐에 있어서 의리의 소중한 불꽃을 간직하고 사귀어야 한다는 것이다.

訓音讀

結 맺을 **결** 花 꽃 **화** 休 쉴 **휴**
種 심을 **종** 義 옳을 **의**

原文

군 자 지 교　　담 여 수
君子之交는 淡如水하고
소 인 지 교　　감 약 례
小人之交는 甘若醴니라

直譯 군자의 사귐은 맑기가 물과 같고, 소인의 사귐은 달콤하기가 단술 같으니라.

解說 군자의 사귐은 물처럼 맑고 변함없으나, 소인의 사귐은 단술처럼 달콤하나 자기이익과 편안함만을 추구한다는 것이다.

訓音讀

君 임금 **군**　　淡 맑을 **담**　　甘 달 **감**
若 같을 **약**　　醴 단술 **례**

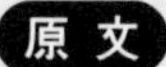

노 요 지 마 력
路遙之馬力이요
일 구 견 인 심
日久見人心이니라

直 譯 길이 멀어야 말의 힘을 알 수 있고, 세월이 오래 지나야만 사람의 마음을 알수 있느니라.

解 說 사람은 오래 사귀어보아야 진면목을 알 수 있고, 어려움을 겪어보아야 진정한 마음을 알수 있다는 것이다.

訓音讀
路 길 로　　遙 멀 요　　馬 말 마
久 오랠 구　　見 볼 견

아내의 도리를 가르치는 글

유교의 관념에 입각한 부녀자의 덕에 관한 글이다. 옛부터 집안의 아내와 어머니가 현숙한 덕을 고루 갖추고 있으면 그 남편과 아들이 입신출세할 것이요, 그렇지 못하면 그 집안은 일어서기 어렵다고 일컬어져 왔다. 가정생활에서 부녀자가 반드시 갖추어야 할 총명과 부덕은 오늘의 현대여성들에게도 크게 귀감이 되리라 믿는다.

原文

익 지 서 운 여 유 사 덕 지 예
益智書에 云『女有四德之譽하니
일 왈 부 덕 이 왈 부 용
一曰婦德이요 二曰婦容이요
삼 왈 부 언 사 왈 부 공 야
三曰婦言이요 四曰婦工也니라』

直譯 〈익지서〉에 이르기를, "여자는 네 가지 덕의 아름다움이 있으니, 첫째는 부덕(婦德)을 말하고, 둘째는 부용(婦容)을 말하고, 셋째는 부언(婦言)을 말하며, 넷째는 부공(婦工)을 말하느니라."고 하셨다.

解說 여자의 네 가지 덕목을 말하는 것이다. 첫째는 넉넉하고 너그러움, 둘째는 정숙한 자태와 몸가짐, 셋째는 부드러우면서도 분명한 말씨와 때에 맞는 대화 능력, 넷째는 가정살림을 슬기롭게 꾸려나가는 것이다.

訓音讀
益 더할 **익** 智 슬기 **지** 德 덕 **덕**
婦 며느리 **부** 容 얼굴 **용**

原文

부덕자 불필재명절이
婦德者는 不必才名絶異요
부용자 불필안색미려
婦容者는 不必顏色美麗요
부언자 불필변구이사
婦言者는 不必辯口利詞요
부공자 불필기교과인야
婦工者는 不必技巧過人也니라

直譯 부덕이라는 것은 반드시 재주와 이름이 뛰어남을 말하는 것이 아니요, 부용이라는 것은 반드시 얼굴이 아름답고 고움을 말함이 아니요, 부언이라는 것은 반드시 입담이 좋고 말 잘하는 것이 아니요, 부공이라는 것은 반드시 손재주가 다른 사람보다 뛰어남을 말하는 것이 아니니라.

訓音讀

絶 끊을 **절** 顏 얼굴 **안** 麗 고울 **려**
辯 말잘할 **변** 詞 말씀 **사** 技 재주 **기**
巧 공교할 **교**

原文

기 부 덕 자 　 청 정 염 절 　 수 분 정 제
其婦德者는 清貞廉節하여 守分整齊하고
행 지 유 치 　 동 정 유 법
行止有恥하며 動靜有法이니
차 위 부 덕 야 　 부 용 자 　 세 완 진 구
此爲婦德也요 婦容者는 洗浣塵垢하여
의 복 선 결 　 목 욕 급 시 　 일 신 무 예
衣服鮮潔하며 沐浴及時하여 一身無穢니
차 위 부 용 야 　 부 언 자 　 택 사 이 설
此爲婦容也요 婦言者는 擇師而說하여
부 담 비 례 　 시 연 후 언
不談非禮하고 時然後言하여
인 불 염 기 언 　 차 위 부 언 야
人不厭其言이니 此爲婦言也요
부 공 자 　 전 근 방 적 　 물 호 운 주
婦工者는 專勤紡積하고 勿好暈酒하며
공 구 감 지 　 이 봉 빈 객
供具甘旨하여 以奉賓客이니
차 위 부 공 야
此爲婦工也니라

直 譯 부덕이라 함은, 맑고 절개가 곧으며 분수를 지키며 몸가짐을 고르게 하고 한결같이 얌전하게 행하고 행동을 조심하며 행실을 법도에 맞게 하는 것이니, 이것이 부덕이 되는 것이다. 부용이라 함은 먼지나 때를 깨끗이 빨아 옷차림을 정결하게 하며 목욕을 제때에 하여 몸이 더러움이 없게 하는 것이니, 이것이 부용이 되는 것이다. 부언이라 함은 말을 가려서 하며 예의에 어긋나는 말을 하지 않고 꼭 해야 할 때에 말해서 사람들이 그 말을 싫어하지 않는 것이니, 이것이 부언이 되는 것이다. 부공이라 함은 길쌈을 부지런히 하며 술을 빚어내기를 좋아하지 않고 좋은 맛을 갖추어서 손님을 접대하는 것이니, 이것이 부공이 되느니라.

訓音讀

貞	곧을 **정**	廉	청렴할 **렴**	整	정제할 **정**
齊	가지런할 **제**	鮮	고울 **선**	恥	부끄러울 **치**
洗	씻을 **세**	浣	빨 **완**	塵	먼지 **진**
垢	때 **구**	靜	고요할 **정**	浴	목욕 **욕**
沐	머리감을 **목**	潔	깨끗할 **결**	穢	더러울 **예**
擇	가릴 **택**	厭	싫을 **염**	紡	길쌈 **방**
績	길쌈 **적**	旨	뜻 **지**	暈	해·달무리 **운**

原文

차 사 덕 자 시 부 인 지 소 불 가 결 자
此四德者는 是婦人之所不可缺者라
위 지 심 이 무 지 재 정
爲之甚易하고 務之在正하니
의 차 이 행 시 위 부 절
依此而行이면 是爲婦節이니라

直譯 이 네 가지 덕은 부녀자로서 하나도 빠질 수 없는 것인데, 행하기 매우 쉽고 힘씀이 바른데 있으니, 이를 의지하여 행하여 나가나면 곧 부녀자로서의 범절이 되느니라.

訓音讀
缺 이지러질 **결** 務 힘쓸 **무** 依 의지할 **의**
此 이 **차** 節 예절 **절**

原文

태공 왈
太公이 曰

부인지례 어필세
『婦人之禮는 語必細니라』

直譯 태공이 말하기를, "부인의 예절은 말소리가 반드시 조용하고 자세해야 하느니라."고 하셨다.

解說 여자는 말을 천천히 하도록 가르쳐서 말이나 행동이 부드럽고 정숙하게끔 한다는 것이다.

訓音讀 婦 며느리 **부** 禮 예도 **례** 語 말씀 **어**
必 반드시 **필** 細 가늘 **세**

原文

현부　　영부귀
賢婦는 令夫貴요
악부　　영부천
惡婦는 令夫賤요

直譯 어진 부인은 남편을 귀(貴)하게 하고, 악한 부인은 남편을 천(賤)하게 하느니라.

解說 부인이 현명하게 내조하면 남편이 자신감을 갖고 바르게 처신한다는 것이다.

訓音讀 賢 어질 **현**　　令 거느릴 **령**　　貴 귀할 **귀**
惡 악할 **악**　　賤 천할 **천**

原文

가 유 현 처
家有賢妻면
부 부 조 횡 화
夫不遭橫禍니라

直 譯 집에 어진 아내가 있으면 그 남편이 뜻밖의 화를 만나지 않으리라.

解 說 아내가 내조를 잘하면 가정이 안정되고 가장인 남편의 마음이 편하여 모든일이 잘 된다는 것이다.

訓音讀 家 집 가 妻 아내 처 遭 만날 조
橫 비낄 횡 禍 재앙 화

原文

현부 화육친
賢婦는 和六親하고
영부 파육친
佞婦는 破六親이니라

直譯 어진 부인은 육친을 화목하게 하고, 간악한 부인은 육친의 화목을 깨뜨리느니라.

解說 좋은 아내는 가정을 화목하게 하고 그렇지 못한 아내는 가정을 화목하지 못하게 한다는 것이다.

訓音讀 賢 어질 **현** 婦 며느리 **부** 和 화할 **화**
親 친할 **친** 破 깨뜨릴 **파**

증보편 (增補篇)

원래의 명심보감은 부행편으로 끝이 난다. 이 편은 후세 사람이 보충한 것이다. 그 내용은 앞의 글들과 조금도 다르지 않은 명문들로 이루어져 있다. 이 편은 인간이 선한 행실을 쌓았을 때의 인과응보에 관한 기록으로, 그 비유와 인용이 날카로운 것이 특징이다.

原文

주역　왈　선부적　부족이성명
周易에 曰『善不積이면 不足以成名이요
악부적　부족이멸신
惡不積이면 不足以滅身이어늘
소인　이소선　위무익이불위야
小人은 以小善으로 爲无益而弗爲也하고
이소악　위무상이불거야　고
以小惡으로 爲无傷而弗去也니라 故로
악적이불가엄　죄대이불가해
惡積而不可掩이요 罪大而不可解니라』

直譯 〈주역〉에 말하기를, "선(善)을 쌓지 않으면 족히 이름을 이룰 수 없을 것이요, 악(惡)을 쌓지 않으면 몸을 망치지 아니할 것이요, 소인은 조그마한 선으로서는 이로움이 없다고 해서 행하지 않고, 조금마한 악으로서는 해로움이 없다고 해서 버리지 않는다. 그러므로, 악이 쌓이면 가히 없애지 못할 것이요, 죄가 크면 가히 풀지 못하느니라." 고 하였다.

訓音讀 无(無) 없을 **무**　弗 아닐 **불**　掩 가릴 **엄**
罪 허물 **죄**　解 풀 **해**

原文

이 상 견 빙 지 신 시 기 군
履霜하면 堅氷至하나니 臣弑其君하며
자 시 기 부 비 일 단 일 석 지 사
子弑其父는 非一旦一夕之事라
기 유 래 자 점 의
其由來者漸矣니라

直 譯 서리를 밟을 때가 되면 얼음이 어는 것과 같이, 신하가 그 임금을 죽이며 자식이 그 아비를 죽이는 것이 하루 아침이나 하루 저녁에 이루어지는 것이 아니라, 오래 전부터 그 까닭이 있는 것이니라.

訓音讀

履 밟을 **리** 霜 서리 **상** 堅 굳을 **견**
氷 얼음 **빙** 弑 죽일 **시** 旦 아침 **단**
漸 점점 **점**

팔반가란 여덟 편의 반어적인 노래를 담고 있는 것이다. 그 주제는 일관되게 효(孝)에 관한 것이다. 특히 제 자식은 끔찍하게 아끼고 사랑하면서도 부모에게는 소홀한 여덟 가지의 예를 들어 그 경계로 삼고 있다. 오늘 날처럼 핵가족화된 사회에서는 재삼 음미해 볼 만한 가치가 있는 경구들이 아닌가 한다.

原文

유아 혹이아 아심 각환희
幼兒가 或詈我하면 我心에 覺懽喜하고
부모 진노아 아심 반불감
父母가 嗔怒我하면 我心에 反不甘하고
일희환일불감 대아대부심하현
一喜懽一不甘하니 待兒待父心何懸고
권군금일봉친노
勸君今日逢親怒어든
야응장친작아간
也應將親作兒看하라

直譯 어린 자식이 혹 나를 꾸짖으면 나는 마음에 기쁨을 깨닫고, 아버지와 어머니가 나를 꾸짖고 성을 내면 나의 마음에 도리어 좋게 여겨지지 않으니라. 한 쪽은 기쁘고 한 쪽은 좋지 아니하니 아이를 대하는 마음과 어버이를 대하는 마음이 어찌 이다지도 거리가 먼가. 그대에게 권고하노니, 지금 어버이에게 꾸지람을 듣거든 반드시 자기의 어린 자식에게 꾸지람을 들을 때와 같이 하라.

訓音讀

覺 깨달을 **각**	嗔 성낼 **진**	待 대접할 **대**
懸 매달 **현**	應 응할 **응**	將 장수 **장**

原文

아조 출천언 군청상불염
兒曹는 出千言하되 君聽常不厭하고
부모 일개구 변도다한관
父母는 一開口하면 便道多閑管이라
비한관친괘견 호수백두
非閑管親掛牽이니 皓首白頭에
다암현 권군경봉노인언
多諳諫이라 勸君敬奉老人言하고
막교유구쟁장단
莫教乳口爭長短하라

直譯 어린 자식들은 여러가지 말을 하되 그대가 듣기에 늘 싫어하지 않고, 어버이는 한 번 말을 하여도 잔소리가 많다고 하느니라. 부질없이 살핌이 아니라 어버이는 근심이 되어 그리 하느니라. 흰 머리가 되도록 긴 세월에 아는 것이 많으니라. 그대에게는 늙은 사람의 말을 공경하여 받들고 젖 냄새나는 입으로 길고 짧음을 다투지 말 것을 권하노라.

訓音讀

曹 무리 **조** 厭 싫을 **염** 閑 한가할 **한**
管 대롱 **관** 掛 걸 **괘** 牽 끌 **견**
皓 흴 **호** 乳 젖 **유**

原文

유 아 뇨 분 예 　군 심 　무 염 기
幼兒尿糞穢는 君心에 無厭忌로되
노 친 체 타 령 　반 유 증 혐 의
老親涕唾零에 反有憎嫌意니라
육 척 구 래 하 처 　부 정 모 혈 성 여 체
六尺軀來何處요 父精母血成汝體라
권 군 경 대 노 래 인
勸君敬待老來人하라
장 시 위 이 근 골 폐
壯時爲爾筋骨敝니라

直譯 어린아이의 오줌과 똥 같은 더러운 것은 그대 마음에 싫어함이 없고, 늙은 어버이의 눈물과 침이 떨어지는 것은 도리어 미워하고 싫어하는 뜻이 있느니라. 여섯 자나 되는 몸이 어디서 왔는고, 아버지의 정기와 어머니의 피로 그대의 몸이 이루어졌느니라. 그대에게 권하노니, 늙어가는 사람을 공경하여 대접하라. 젊었을 때 그대를 위하여 살과 뼈가 닳도록 애를 쓰셨느니라.

訓音讀

唾 침 **타** 　零 떨어질 **령** 　嫌 싫어할 **혐**
軀 몸 **구** 　筋 힘줄 **근**

原文

간군신입시　매병우매고
看君晨入市하여 買餠又買餻하니
소문공부모　다설공아조
少聞供父母하고 多說供兒曹라
친미담아선포　자심
親未啖兒先飽하니 子心이
불비친심호　권군다출매병전
不比親心好라 勸君多出買餠錢하여
공양백두광음소
供養白頭光陰少하라

直譯 그대가 새벽에 가게에 들어가서 떡을 사는 것을 보긴 했으나 부모에게 드린다는 말은 별로 듣지 못하고, 흔히 자식들에게 준다는 말을 들었다. 어버이는 아직 씹지도 아니 하였는데 자식은 먼저 배부르니 자식의 마음은 부모의 마음이 좋아하는 것에 비하지 못하리라. 그대에게 권하노니, 떡을 살 돈을 많이 내서 늙은 어버이가 살 날이 얼마 남지 아니하였으니 잘 받들어 봉양하라.

訓音讀

晨 새벽 **신**	啖 씹을 **담**	飽 배부를 **포**
餠 떡 **병**	錢 돈 **전**	

原文

시 간 매 약 사 유 유 비 아 환
市間賣藥肆에 惟有肥兒丸하고
미 유 장 친 자 하 고 양 반 간
未有壯親者하니 何故兩般看고
아 역 병 친 역 병 의 아 부 비 의 친 증
兒亦病親亦病에 醫兒不比醫親症이라
할 고 환 시 친 적 육
割股라도 還是親的肉이니
건 군 극 보 쌍 친 명
勸君極保雙親命하라

直譯 시장에 있는 약 파는 가게에 오직 아이를 살찌게 하는 약은 있고, 어버이를 튼튼하게 하는 약은 없으니 ,어찌 자식과 어버이의 병간호를 다르게 하는고. 아이도 병들고 어버이도 병들었을 때 아이의 병을 고치는 것이 어버이의 병을 고치는 것에 비하지 못할것이니라. 제 다리살을 베더라도 그것은 어버이의 살이니, 그대에게 권하노니 빨리 두 어버이의 목숨을 먼저 극진히 안전하게 보호하라.

訓音讀

賣 팔 **매** 肆 가게 **사** 惟 오직 **유**
肥 살찔 **비** 丸 알 **환** 壯 씩씩할 **장**
般 가지 **반** 醫 의원 **의** 症 증세 **증**
割 벨 **할** 股 다리 **고**

原文

부귀 양친이 친상유미안
富貴엔 養親易로되 親常有未安하고
빈천 양아난 아불수기한
貧賤엔 養兒難하되 兒不受饑寒이라
일조심양조로 위아종불여위부
一條心兩條路에 爲兒終不如爲父라
권군양친 여양아
勸君兩親은 如養兒하고
범사 막추가불부
凡事를 莫推家不富하라

直譯 부하고 귀하면 어버이를 봉양하기 쉬우나 항상 어버이는 미안한 마음이 있고, 가난하고 천하면 아이를 기르기 어려우나 아이는 배고프고 추운 것을 받지 않는다. 한 가지 마음과 두 가지 길에 아이를 위함이 마침내 어버이를 위함만 같지 못하니라. 권하노니 그대는 두 어버이 섬기기를 아이를 기르는 것과 같이 하고 모든 일이 집이 넉넉하지 못하다고 미루지 말것이니라.

訓音讀 易 쉬울 이　饑 주릴 기　條 가지 조
終 마칠 종　推 밀 추

原文

양친 지유이인 상여형제쟁
養親엔 只有二人이로되 常與兄弟爭하고
양아 수십인 군개독자임
養兒엔 雖十人이나 君皆獨自任이라
아표난친상문 부모기한부재심
兒飽煖親常問하되 父母饑寒不在心이라
권군양친 수갈력
勸君兩親을 須竭力하라
당초의식 피군침
當初衣食이 被君侵이니라

直譯 어버이를 받들고 섬기기에는 다만 두 사람인데 늘 형과 동생이 서로 다투고, 아이를 기름에는 비록 열 사람이나 된다 하더라도 모두 자기 혼자 맡느니라. 아이가 배부르고 따뜻한 것은 어버이가 늘 물으나, 어버이의 배고프고 추운 것은 마음에 두지 아니 하느니라. 그대에게 권하노니, 어버이를 받들고 섬기기를 모름지기 힘을 다하라. 당초에 입는 것과 먹는 것을 그대에게 빼앗겼느니라.

訓音讀

雖 비록 **수** 獨 홀로 **독** 任 맡을 **임**
煖 따뜻할 **난** 飽 배부를 **포** 寒 찰 **한**
須 모름지기 **수** 被 받을 **피** 竭 다할 **갈**

原文

친 유 십 분 자　　　군 불 념 기 은
親有十分慈하되 君不念其恩하고
아 유 일 분 효　　　군 취 양 기 명
兒有一分孝하되 君就揚其名이라
대 친 암 대 아 명　　　수 식 고 당 양 자 심
待親暗待兒明하니 誰識高堂養子心하고
권 군 만 신 아 조 효
勸君漫信兒曹孝하라
아 조 친 자 재 군 신
兒曹親子在君身이니라

直 譯 어버이는 지극히 그대를 사랑하나 그대는 그 은혜를 생각하지 아니하고, 자식이 조금이라도 효도함이 있으면 그대는 곧 그 이름을 빛내려 한다. 어버이를 대접하는 것은 어둡고, 자식을 대하는 것은 밝으니 누가 어버이의 자식 기르는 마음을 알것인고. 그대에게 권하노니, 부질없이 아이들의 효도를 믿지 말라. 그대는 아이들의 어버이도 되고 부모의 자식도 되는 것을 알아야 할지니라.

訓音讀 慈 사랑할 **자**　就 나아갈 **취**　揚 날릴 **양**
漫 아득할 **만**　曹 마을 **조**

효자, 효부의 구체적인 실례와 일화를 들어서, 부모에게 효도할 것을 가르치는 글이다. 중국의 곽거(郭巨)에 비유되는 손순(孫順)의 일화나 도씨(都氏)의 효행 등은 하늘도 감동시켰다고 했다. 요즘 같은 메마른 세태에 경종이 되길 바랄 뿐이다.

原文

손순　가빈　여기처
孫順이 家貧하여 與其妻로

용작인가이양모　유아매탈모식
傭作人家以養母할새 有兒每奪母食이라

순　위처왈
順이 謂妻曰

아탈모식　아　가득
『兒奪母食하니 兒는 可得이나

모난재구　내부아왕귀취산북교
母難再求라 乃負兒往歸醉山北郊하여

욕매굴지　홀유심기석종
欲埋掘地러니 忽有甚奇石鐘이라

경괴시당지　용용가애
驚怪試撞之하니 容容可愛라』

처왈　득차기물　태아지복
妻曰『得此奇物은 殆兒之福이라

매지불가　순　이위연
埋之不可라』하니 順이 以爲然하여

장아여종환가　현어량당지
將兒與鐘還家하여 懸於樑撞之러니

왕 문종성 청원이상이핵문기실
王이 聞鐘聲이 淸遠異常而覈聞其實하고
왈 석 과거매자 천사금부
曰『昔에 郭巨埋子엔 天賜金釜러니
금손순 매아 지출석종
今孫順이 埋兒엔 地出石鐘하니
전후부동 사가일구
前後符同이라 賜家一區하고
세급미오십석
歲給米五十石하니라』

直譯 손순(孫順)이 집이 가난하여 그의 아내와 더불어 남의 집에 머슴살이를 하여 그 어머니를 봉양하는데, 아이가 있어 언제나 어머니의 잡수시는 것을 빼앗는지라. 손순이 아내에게 일러 말하기를, "아이가 어머니의 잡수시는 것을 빼앗으니 아이는 또 얻을 수 있거니와 어머니는 다시 구하기 어려우니라." 하고 마침내 아이를 업고 취산(醉山) 북쪽 기슭으로 가서 묻으려고 땅을 팠더니, 문득 심히 이상한 석종(石鐘)이 있거늘 놀랍고 이상하게 여기어 시험 삼아 두드려 보니 울리는 소리가 아름답고 사랑스러운지라. 아내가 말하기를, "이 기이한 물건을 얻은 것은 아이의 복이니

땅에 묻는 것은 옳지 못하니라." 손순도 그렇게 생각해서 아이를 데리고 종을 가지고 집으로 돌아와서 대들보에 달고 이것을 울렸더니 임금이 그 종소리를 듣고 맑고 늠름함을 이상하게 여기시어 그 사실을 자세히 물어서 알고 말하기를, "옛적에 곽거(郭巨)가 아들을 묻을 때엔 하늘이 금으로 만든 솥을 주시었더니 이제 손순이 아들을 묻음에는 땅에서 석종이 나왔으니 앞과 뒤가 서로 꼭 맞는다." 말씀하시고, 집 한 채를 주시고 해마다 쌀 오십석을 주셨느니라.

註 손순(孫順): 경주(慶州) 손씨의 시조로 신라 42대 흥덕왕(興德王)때 신라 삼기(三器)의 하나인 석종(石鐘)을 얻은 효자이다.

곽거(郭巨): 중국 이십사효(二十四孝)의 한 사람.

訓音讀

殆 자못 **태**	樑 들보 **량**	昔 옛 **석**
郭 성 **곽**	賜 줄 **사**	符 들어맞을 **부**
歲 해 **세**	給 줄 **급**	

原文

상덕 치년황여역 부모기병빈사
尙德은 値年荒癘疫하여 父母飢病濱死라
상덕 일야불해의 진성안위
尙德이 日夜不解衣하고 盡誠安慰하되
무이위양즉규비육식지 모발옹
無以爲養則刲髀肉食之하고 母發癰에
연지즉유 왕 가지 사뢰심후
吮之卽癒라 王이 嘉之하여 賜賚甚厚하고
명정기문 입석기사
命旌其門하고 立石紀事하니라

直譯 상덕(尙德)은 흉년과 열병이 유행하는 때를 만나서 아버지와 어머니가 굶주려 죽게 된지라. 상덕이 낮이나 밤이나 옷을 풀지 않고 정성을 다하여 안심을 하도록 위로하였으되, 봉양할 것이 없으므로 넓적다리 살을 베어 잡수시도록 하고, 어머니가 종기가 남에 빨아서 곧 낫게 하니라. 임금께서 이 말을 듣고 어여삐 여겨 재물을 후하게 내리시고, 그 집에 정문을 세울 것을 명하시어 비석을 세워 이 일을 기념케 하였느니라.

註 상덕(尙德): 신라 때 사람으로 효성이 지극하였다.

訓音讀
値 당할 **치** 荒 거칠 **황** 疫 질병 **역**
濱 물가 **빈** 慰 위로할 **위**

原文

도 씨 가 빈 지 효 매 탄 매 육
都氏家貧至效라 賣炭買肉하여

무 궐 모 찬 일 일 어 시
無闕母饌이러라 一日은 於市에

만 이 망 귀 연 홀 확 육 도
晩而忙歸러니 鳶忽攫肉이어늘 都가

비 호 지 가 연 기 투 육 어 정
悲號至家하니 鳶旣投肉於庭이러라

일 일 모 병 색 비 시 지 홍 시 도
一日은 母病索非時之紅柹어늘 都가

방 황 시 림 불 각 일 혼
彷徨柹林하여 不覺日昏이러니

유 호 누 차 전 로 이 시 승 의 도
有虎屢遮前路하고 以示乘意라 都가

승 지 백 여 리 산 촌 방 인 가 투 숙
乘至百餘里山村하여 訪人家投宿이러니

아 이 주 인 궤 제 반 이 유 홍 시 도
俄而主人이 饋祭飯而有紅柹라 都가

희 문 시 지 내 력 차 술 기 의
喜問柹之來歷하고 且述己意한대

답　왈　망 부 기 시 고　매 추 택 시 이 백
答가 曰『亡父嗜柹故로 每秋擇柹二百

개　장 제 굴 중 이 지 차 오 월 즉 완 자 불
個하여 藏諸窟中而至此五月則完者不

과 칠 팔　금 득 오 십 개 완 자 고
過七八이라 今得五十個完者故로

심 이 지　시 천 감 군 효
心異之러니 是天感君孝라 하고

유 이 이 십 과　도　사 출 문 외
遺以二十顆어늘』 都가 謝出門外하니

호 상 사 복　승 지 가　효 계 악 악
虎尙俟伏이라 乘至家하니 曉鷄喔喔이러라

후　모 이 천 명　종　도 유 혈 투
後에 母以天命으로 終에 都有血淚러라

直 譯 도씨는 집이 가난하나 효성이 지극하였다. 숯을 팔아 고기를 사서 어머니의 반찬을 빠짐없이 하였느니라. 하루는 장에서 늦게 바삐 돌아오는데 소리개가 고기를 채 가거늘 도씨가 슬피 울며 집에 돌아와 보니 소리개가 벌써 고기를 집안 뜰에 던져 놓았더라. 하루는 어머니가 병이 나서 때아닌 홍시(紅柹)를 찾거늘 도씨가 감나무 숲에 가서 방황하여 날이 저물은 것도 모르고 있으려니 호

랑이가 앞길을 가로막으며 타라고 하는 뜻을 나타내는 지라 도씨가 타고 백 여리나 되는 산동네에 이르러 사람 사는 집을 찾아 잠을 자려고 하였더니 얼마 안되어서 주인이 제삿밥을 차려 주는데 홍시가 있는지라. 도씨가 기뻐하여 감의 내력을 묻고 또 나의 뜻을 말하였더니 대답하여 말하기를, "돌아가신 아버지가 감을 즐기셨으므로 해마다 가을에 감을 이백 개를 가려서 모두 굴 안에 감추어 두나 오월에 이르면 상하지 않은 것이 7, 8개에 지나지 아니하였는데 지금 쉰 개의 상하지 아니한 것을 얻었으므로 마음속으로 이상스럽게 여겼더니 이것은 곧 하늘이 그대의 효성에 감동한 것이라."하고 스무 개를 내어 주거늘 도씨가 감사의 뜻을 말하고 문 밖에 나오니 호랑이는 아직도 누워서 기다리고 있는지라. 호랑이를 타고 집에 돌아오니 새벽닭이 울더라. 뒤에 어머니가 천명으로 돌아가시매 도씨는 피눈물을 흘리더라.

註 도씨(都氏): 조선 철종(哲宗)때 사람.

訓音讀

窟 구멍 **굴**	厚 후할 **후**	炭 숯 **탄**
買 살 **매**	闕 빠뜨릴 **궐**	饌 반찬 **찬**
晩 늦을 **만**	鳶 소리개 **연**	攫 붙잡을 **확**
忙 바쁠 **망**	彷 거닐 **방**	徨 방황할 **황**
索 찾을 **색**	顆 덩이 **과**	屢 자주 **루**
遮 막을 **차**	俄 아까 **아**	嗜 즐길 **기**
饋 진지올릴 **궤**	俟 기달리 **사**	

염의편 (廉義篇)

청렴결백과 이에 얽힌 미담들로 구성된 글이다. 청렴결백과 참된 의리는 이미 앞 장에서도 그 미덕이 여러번 강조된, 군자가 반드시 실천해야 할 덕목이었다. 마지막 장에서 다시 한 번 그 예화들을 살펴봄으로써 그 참된 의미를 되새겨볼 수 있을 것이다.

廉義篇

原文

인관 매면어시
印觀이 賣綿於市할새
유서조자이곡매지이환
有署調者以穀買之而還이러니
유연 확기면 타인관가
有鳶이 攫其綿하여 墮印觀家어늘
인관 귀우서조왈
印觀이 歸于署調曰
연타여면어오가 고 환여
『鳶墮汝綿於吾家라 故로 還汝하노라』
서조왈
署調曰
연 확면여여천야 오하위수
『鳶이 攫綿與汝天也라 吾何爲受리오』
인관왈 연즉환여곡
印觀曰『然則還汝穀하리라』
서조왈 오여여자시이일 곡이속여
署調曰『吾與汝者市二日이니 穀已屬汝
의 이인 상양 병기어시
矣라』 二人이 相讓하다가 幷棄於市하니

상 시 관 이 문 왕 병 사 작
掌市官이 以聞王하여 竝賜爵하니라

直 譯 인관(印觀)이 장에서 솜을 파는데 서조(署調)라는 사람이 곡식으로써 솜을 사 가지고 돌아가더니 솔개가 있어 그 솜을 채 가지고 인관의 집에 떨어 뜨렸다. 인관이 서조에게 돌려보내고 말하기를, "솔개가 너의 솜을 내 집에 떨어뜨렸음으로 너에게 돌려보낸다."하니 서조가 말하기를, "솔개가 솜을 채다가 너를 준 것은 하늘이 한 것이다. 내가 어찌 받을 수 있겠는가?"하니 인관이 말하기를, "그렇다면 너의 곡식을 돌려 보내리라." 서조가 말하기를, "내가 너에게 준지가 벌써 두 차례나 장날이 지나갔으니 곡식은 이미 너에게 속한 것이니라."해서 두 사람이 서로 사양하다가 솜과 곡식을 다 함께 장에 버렸다. 장을 맡아 다스리는 관원이 이 사실을 임금께 아뢰어서 다같이 벼슬을 주었느니라.

註 인관(印觀)과 서조(署調): 신라때 사람들로 청렴하고 의리있었다고 전해지고 있다.

訓音讀

印 도장 **인**	觀 볼 **관**	綿 솜 **면**
署 관청 **서**	墮 떨어질 **타**	穀 곡식 **곡**
掌 손바닥 **장**	屬 붙일 **속**	讓 사양 **양**
棄 버릴 **기**	聞 들을 **문**	賜 줄 **사**

原文

홍기섭 소빈심무료 일일조
洪基燮이 少貧甚無料러니 一日早에
비아용약헌칠냥전왈 차재정중
婢兒踊躍獻七兩錢曰『此在鼎中하니
미가수석 시가수태 천사
米可數石이요 柴可數駄니 天賜니이다』
공 경왈 시하금 즉서실금인추거
公이 驚曰『是何金하고 卽書失金人推去
등자 부지문미이대 아이성유
等字하여 付之門楣而待러니 俄而姓劉
자래문서의 공 실언지
者來問書意어늘』公이 悉言之한대
유 왈 이무실금어인지정내
劉 曰『理無失金於人之鼎內하니
과천사야 합취지
果天賜也라 盍取之닛고』
공왈 비오물 하
公曰『非吾物에 何오』
유부복왈 소적 작야 위절정래
劉俯伏曰『小的이 昨夜에 爲竊鼎來라가

환 련 가 세 소 조 이 시 지 금 감 공 지 염
還憐家勢蕭條而施之러니 今感公之廉
개 양 심 자 발 서 불 갱 도
价하고 良心自發하여 誓不更盜하고
원 욕 상 시 물 려 취 지
願欲常侍하나니 勿慮取之하소서』
공 즉 환 금 왈 여 지 위 량 즉 선 의 금
公이 卽還金曰『汝之爲良則善矣나 金
불 가 취 종 불 수 후 공
不可取라』하고 終不受하니라 後에 公이
위 판 서 기 자 재 룡 위 헌 종 국 구
爲判書하고 其子在龍이 爲憲宗國舅하며
유 역 견 신 신 가 대 창
劉亦見信하여 身家大昌하니라

直 譯 홍기섭이라는 사람이 젊었을 때 몹시 가난하더니, 하루는 아침에 어린 계집종이 기쁜 듯이 뛰어와서 돈 일곱 냥을 바치며 말하기를, "이것이 솥 속에 있었습니다. 이만하면 쌀이 몇 섬이요, 나무가 몇 바리입니다. 참으로 하느님이 주신 것입니다." 공이 놀래서 말하기를, "이것이 어찌된 돈인고?" 하고 곧 돈 잃은 사람은 와서 찾아가라는 글을 써서 대문 위에 붙였다. 이윽고 얼마 아니되어 유

(劉)가 라는 사람이 찾아와 글 뜻을 물었다. 공은 하나도 빠짐없이 사실을 말해 들려주었다. 유가가 말하기를, "남의 솥 속에다 돈을 잃을리가 없습니다. 참으로 하늘이 주신 것인데 왜 취하지 않으시는 것입니까." 공이 말하기를, "나의 물건이 아닌데 어찌 가질 것이요." 유가가 꿇어 엎드리며 말했다. "소인이 어젯밤 솥을 훔치러 왔다가 도리어 가세(家勢)가 너무 쓸쓸한 것을 불쌍히 여겨 이 것을 놓고 돌아갔더니 지금 공의 성정이 고결하며 탐심이 없고 마음이 깨끗함을 보고 탄복되어 좋은 마음이 스스로 나서 도둑질을 아니할 것을 맹세하옵고, 앞으로는 늘 옆에 모시기를 원하오니 걱정 마시고 취하시기를 바랍니다." 공이 돈을 돌려주며 말하기를, "네가 좋은 사람이 된 것은 참 좋으나 이 돈은 취할 수 없느니라."하고 끝끝내 받지 않았다. 뒤에 공은 판서가 되고 그의 아들 재룡(在龍)이 헌종(憲宗)의 부원군이 되었으며, 유가도 또한 신임을 얻어서 그의 집안이 크게 번영을 하였느니라.

註 홍기섭(洪基燮); 조선 말엽 사람이나 어느 때인지 정확히 알 수 없으며, 청렴하기로 이름이 높았으며 판서(判書)에까지 벼슬이 올랐었다.

訓音讀

燮 빛날 **섭**	婢 계집종 **비**	踊 뛸 **용**
躍 뛸 **약**	獻 바칠 **헌**	鼎 솥 **정**
柴 나무 **시**	价 클 **개**	蕭 쓸쓸할 **소**
楣 문미 **미**	俯 엎드릴 **부**	悉 다 **실**

原 文

고 구 려 평 원 왕 지 녀 유 시 호 제
高句麗平原王之女幼時에 好啼러니
왕 희 왈 이 여 장 귀 우 우 온 달
王이 戱曰『以汝로 將歸于愚溫達하리라』
급 장 욕 하 가 우 상 부 고 씨 여 이 왕
及長에 欲下嫁于上部高氏한대 女以王
불 가 식 언 고 사 종 위 온 달 지 처
不可食言으로 固辭하고 終爲溫達之妻하
개 온 달 가 빈 행 걸 양 모
니라 盖오 溫達이 家貧하여 行乞養母하니
시 인 목 위 우 온 달 야
詩人이 目爲愚溫達也러라
일 일 온 달 자 산 중 부 유 피 이 래
一日은 溫達이 自山中으로 負楡皮而來
왕 녀 방 견 왈 오 내 자 지 필 야
하니 王女訪見曰『吾乃子之匹也라』하고
내 매 수 식 이 매 전 택 기 물 파 부
乃賣首飾而買田宅器物하여 頗富하고
다 양 마 이 자 온 달 종 위 현 영
多養馬以資 溫達하여 終爲顯榮하니라

直 譯 고구려 평원왕(平原王)의 딸이 어렸을 때 울기를 좋아하더니 왕이 놀려 말하기를, "너는 장차 어리석은 바보 온달에게 시집보내리라." 자라매 상부(上部) 고씨(高氏)에게 시집을 보내려고 하니 딸이 '임금으로써 가히 거짓말은 아니하리라.' 하고 굳이 사양하고 마침내 온달의 아내가 되었느니라. 대저 온달은 집이 가난하여 다니며 빌어다가 어머니를 섬기니 그 때 사람들이 이를 보고 바보 온달이라고 하더라. 하루는 온달이 산 속으로부터 느티나무 껍질을 짊어지고 돌아오니 임금의 딸이 찾아와 보고 말하기를, "나는 바로 그대의 아내니라." 하고 비녀 등 장식품을 팔아 밭과 집과 살림을 사서 매우 부유해지고 말을 많이 길러 온달을 도와 마침내 몸이 영달하고 이름이 빛나게 되었느니라.

註 고구려(高句麗): 주몽(朱蒙)이 세운 나라로 삼국시대의 삼국 중 하나.

평원왕(平原王): 고구려 제25대 왕.

온달(溫達): 고구려 평원왕 때의 장군으로 북주(北周) 무제(武帝)의 군사를 쳐서 공을 세워 대형(大兄)이라는 벼슬에 올랐다.

訓音讀

顯 나타날 **현**	汝 너 **여**	句 글귀 **구**
麗 고울 **려**	戱 희롱할 **희**	原 언덕 **원**
啼 울 **제**	嫁 시집갈 **가**	部 거느릴 **부**

학문을 열심히 닦아야 함을 가르치는 글로 구성되어 있다. 학문에 정진하는 올바른 자세를 말한 것으로 인간은 배우지 않으면 올바른 인생을 살아갈 수 없는 것이다.

原文

주자왈 물위금일불학이유내일
朱子曰『勿謂今日不學而有來日하며
물위금년불학이유내년
勿謂今年不學而有來年하라
일월서의 세불아연
日月逝矣나 歲不我延이니
오호노의 시수지건
嗚呼老矣라 是誰之愆고』

直譯 주자가 말하기를, "오늘 배우지 아니 하고서 내일이 있다고 말하지 말며, 올해에 배우지 아니 하고서 내년이 있다고 말하지 말라. 날과 달은 흐르니 세월은 나를 위해서 더디 가지 않는다. 아! 늙었도다. 이 누구의 허물인고."라고 하셨다.

訓音讀

謂 이를 **위** 逝 갈 **서** 延 끌 **연**
嗚 탄식할 **오** 愆 허물 **건**

原文

소 년 이 노　　학 난 성
少年易老하고 學難成하니
일 촌 광 음　　불 가 경
一寸光陰이라도 不可輕이라
미 각 지 당　　춘 초 몽
未覺池塘에 春草夢인데
계 전 오 엽　　이 추 성
階前梧葉이 已秋聲이라

直譯 소년은 늙기 쉽고 학문은 이루기 어려우니, 짧은 시간이라도 가벼이 여기지 말라. 아직 연못가의 봄 풀은 꿈에서 깨어나지 못했는데, 어느덧 세월은 허탄하게 빨리 흘러 섬돌 앞의 오동나무는 벌써 가을 소리를 내느니라.

訓音讀

難 어려울 **난**　陰 그늘 **음**　池 못 **지**
塘 못 **당**　夢 꿈 **몽**　階 섬돌 **계**
梧 오동나무 **오**　葉 잎 **엽**　已 이미 **이**
聲 소리 **성**

原文

도 연 명 시　　운
陶淵明詩에 云

성 년　　부 중 래　　　일 일　　난 재 신
『盛年은 不重來하고 一日은 難再晨이니

급 시　당 면 려　　　세 월　　부 대 인
及時 當勉勵하라 歲月은 不待人이니라』

直譯 도연명의 시에 이르기를, "젊은 때는 두 번 거듭 오지 아니하고 하루에 새벽도 두 번 있지 않나니, 젊었을 때에 마땅히 학문에 힘쓰라. 세월은 사람을 기다리지 않느니라."

註 도연명(陶淵明): 동진(東晉)의 시인으로 이름은 잠(潛), 자는 원량(元亮)이다. 저서로 <귀거래사(歸去來辭)>가 있다.

訓音讀

陶 질그릇 **도**	淵 못 **연**	盛 성할 **성**
晨 새벽 **신**	及 미칠 **급**	勉 힘쓸 **면**
勵 힘쓸 **려**	歲 해 **세**	

原文

순자왈 부적규보 무이지천리
荀子曰『不積蹞步면 無以至千里요
부적소류 무이성강하
不積小流면 無以成江河니라』

直譯 순자가 말하기를, "발걸음을 쌓지 않으면 천리에 이르지 못할 것이요, 작게 흐르는 물이 모이지 않으면 강하(江河)를 이룩하지 못할 것이니라." 고 하셨다.

訓音讀 荀 풀 순 積 쌓을 적 步 걸음 보
流 흐를 류 河 물 하

부 록
(附錄)

제례(祭禮)의 종류(種類)

기제

기제는 기일제사의 약칭으로 기일 즉, 고인이 돌아가신 날에 해마다 한번씩 지내는 제사를 말한다. 기제는 오늘날의 가정에서 가장 중요한 제사로 인식되고 있다. 기제의 봉사대상은 과거에는 『주자가례』에 따라 4대조까지였으나 요즘에는 2대조까지와 후손이 없는 3촌 이내의 존, 비속에 한해서만 기제를 지낸다. 원래는 고인이 돌아가신 날 자정부터 새벽 1시 사이 모두가 잠든 조용한 시간에 지낸다. 제사는 제주의 집에서 지내는데, 고인의 장자나 장손이 제주로서 제사를 주재한다. 장자나 장손이 없을 때는 차자나 차손이 주관한다. 제사에 참석하는 사람은 고인의 직계자손으로 하며 가까운 친척도 참석할 수 있다.

시제

시제는 원래 사시제라고 부르던 것으로서 1년에 네 번 즉, 춘하추동의 계절마다 고조 이하의 조상을 함께 제사하던 합동제사의 하나이다. 시제는 고전예법에서 정제라고 불리는 것으로서 가장 중요하게 생각된 제사였다. 고대에는 제사란 곧 시제를 말하는 것으로 제사의 으뜸이었으나 조선시대 이후 기제가 중시되면서 점차 퇴색되어 갔다. 또한 일년에 행하는 제사의 횟수가 많아지면서 현재는 보통 1년에 한 번만 행하고 있다. 시제는 조상을 모신 사당에서 거행하는 것이 원칙이지만 사당이 협소할 경우에는 정침의 대청에서도 행해졌다.

차례

차례는 간소한 약식제사로서 음력 매월 초하룻날과 보름날, 그리고 명절이나 조상의 생신 날에 지내며 보통 아침이나 낮에 지낸다. 『가례(家禮)』를 비롯한 예서에는 차례라는 것은 없으나 우리 나라에서 관습적으로 민속 명절에 조상에게 올리는 제사이다. 차례는 기제를 지내는 조상에게 지낸다. 예를 들어 고조부모까지 4대를 봉사하는 가정에서는 고조부모, 증조부모, 조부모, 그리고 돌아가신 부모 등 여덟 분의 조상이 대상이 된다. 차례는 명절날 아침에 각 가정에서 조상의 신주나 지방 또는 사진을 모시고 지낸다. 차례도 물론 기제를 지내는 장손의 집에서 지내는 것이 원칙이지만 지방이나 가문의 전통에 따라 한식이나 추석에는 산소에서 지내기도 한다.

묘제

묘제는 산소를 찾아가서 드리는 제사이다. 제찬은 기제와 마찬가지로 준비하고 토지 신에게도 따로 제수를 마련하여 제사를 지낸다. 『고례』에 의하면 제주를 비롯한 여러 참사자들이 검은 갓과 흰옷을 갖추고, 일찍 산소에 찾아가 제배하고, 산소를 둘러보면서 세 번 이상 잘 살피며 풀이 있으면 벌초하고 사소 앞을 깨끗하게 쓸고 난 후 산소의 왼쪽에 자리를 마련한다. 토지신에게 먼저 제사를 지낸 뒤, 산소 앞에 정한 자리를 깔고, 제찬을 진설한다. 묘제는 그 장소가 산소이므로 그 진행 차례도 집안에서 지내는 제사와 다르며 과거에는 산신에 대한 제사가 따로 있었다.

한식

한식은 청명 다음날로 동짓날로부터 계산해서 10일째 되는 날이다. 이 날은 예로부터 조상께 제사를 지내고 성묘를 가는 것이 관습이었다. 한식이란 말은 옛날 중국에서 비바람이 심해서 불을 때지 않고 찬밥을 먹었다는 풍속에서 비롯된 것이다.

제례(祭禮)의 순서(順序)

제례란?

신앙의 대상인 신, 또는 사령에 대하여 인간이 종교적으로 행하는 의식으로 각 나라의 자연적 조건이나 각 민족의 풍속, 종교 및 시대의 변천에 따라서 그 의식의 방법이 다르다.

1. 분향(焚香) 강신(降神)

강신이란 신위께서 강림하시어 음식을 드시기를 청한다는 뜻이다. 제주 이하 모든 참사자가 차례대로 선 뒤 제주가 신위 앞에 나아가 꿇어앉아 분향하고 집사가 술을 따라 제주에게 주면, 제주는 잔을 받아서 모사(茅沙) 그릇에 세 번 나누어 붓고 빈잔을 집사에게 다시 돌려주고 집사는 다시 상위에 올린다. 제주는 일어나서 두 번 절한다.

2. 참 신(參神)

참신이란 강신을 마친 후 제주 이하 모든 참석자가 함께 2번 절하는 것을 말한다.

3. 초 헌(初獻)

초헌이란 제주가 신위앞에 나아가 꿇어앉아 분향한 후

집사자가 잔을 제주에게 주고, 제주는 잔을 받아 집사자가 술을 따르면 제주는 강신할 때와 같이 오른 손으로 잔을 들어 모사그릇에 조금씩 3번 기우려 부은 다음 양손으로 받들어 집사자에게 주면, 집사자는 그것을 받아서 제상에 올린다.

먼저 고위(아버지의 위) 앞에 올리고, 2번째 잔을 받아서 그대로 비위(어머니의 위) 앞에 올린다.

4. 독축(讀祝)

독축이란 축문을 읽으면서 제사를 받는 조상께 제사의 연유와 정성스런 감회를 고하고 마련한 제수를 권하는 것이다. 축문을 다 읽고 나면 모든 제관은 일어서고 초헌관만 두 번 절한다.

5. 아헌(亞獻)

아헌이란 두번째 올리는 잔을 말한다.

두번째 잔은 주부가 올리는 것이 예이지만 주부가 올리기 어려울 때는 제주의 다음가는 근친자나 장손이 올린다. (주부가 올릴 때는 4번 절한다)

6. 종헌(終獻)

종헌이란 3번째 올리는 잔을 말한다.

종헌은 아헌자의 다음가는 근친자가 아헌 때의 예절과 같이 행한다.

7. 계반(參神)

계반은 메(밥)그릇 및 탕이나 반찬의 뚜껑을 열어 놓는 것을 말한다.

8. 삽시(插匙)

삽시는 메그릇에 수저를 꽂는 것을 말한다.

이때에는 반드시 숟가락 바닥이 우측으로 향하도록 꽂아야 한다. (수저는 동쪽으로 향하도록 꽂는다.)

9. 합문(閤門)

합문이란 참석자 일동이 문을 닫는 것을 말하는 것인데, 대청이나 마루에서 조용히 기다려야 한다. (합문의 시간은 합을 9번 떠먹을 동안의 시간이어야 한다) (대청의 경우에는 뜰 아래로 내려서 있어야 한다)

10. 개문(開門)

제주가 방 앞에 서서 기침을 한 다음 문을 열고 일동과 함께 들어간다.

11. 헌다(獻茶)

숭늉을 갱(국)과 바꾸어 올리고 메를 조금씩 3번 떠서 말아놓고 정저한다.

12. 철시복반(撤匙復飯)

철시복반이란 숭늉그릇에 있는 수저를 거두고 메 그릇을 덮는 것을 말한다.

13. 사 신(辭神)

제사에 참여한 사람이 조상을 보내는 작별 인사를 드리는 절차로 참석자 모두가 두번 절한다. 신주일 경우에는 사당에 모시고, 지방과 축문을 불태운다.

14. 철 상(撤床)

모든 제상 음식을 물리는 것을 말하며, 제상의 위쪽에서부터 다른 상으로 공손하게 옮겨 물린다.

15. 음 복(飮福)

조상이 주시는 복된 음식이라 하며, 제사 참석자가 모두 모여서 제수와 제주를 나누어 먹는다.

제물진설(祭物陳設)

제 상(祭床)

제물은 실과를 먼저 올리며 제관의 왼쪽으로 부터 차례대로 진설하여야 한다.

1. 과일 진설

조(棗), 율(栗), 이(梨), 시(柿)라 하여 대추, 밤, 배(혹은 사과), 감(곶감)의 순서대로 진설하며, 그 외의 과일들은 정해진 순서가 따로 없으며, 망과(넝클과일)를 쓰기도 한다.

복숭아는 쓰지 아니하며 과일줄의 끝에는 조과류(손으로 만든 과자)를 쓰되 그 순서는 다식류(송화, 녹말, 흑임자)를 먼저 쓰고, 그 다음이 유과류(산자, 강정 등), 마지막 끝에 당속류(오화당, 원당, 옥춘)를 사용한다.

2. 반찬 진설

좌포우혜라 하여 왼쪽 끝에 포(북어, 대구, 오징어 등)를 쓰며, 우측 끝에 혜(식혜)를 쓴다.

그 중간에 나물반찬은 콩나물 · 숙주나물 · 무나물 순으로 올리고, 고사리 · 도라지 · 나물 등을 쓰기도 하며, 청장(간장) · 침채(동치미)는 그 다음에 진설한다.

3. 탕 진설

대개는 3탕으로 육탕(육류로 만든 탕), 소탕(두부 채소류로 만든 탕), 어탕(어류로 만든 탕)의 차례로 올리며, 오탕을 사용할 때는 봉탕(닭, 오리), 잡탕 등을 더 올릴 수 있다.

4. 적과 전의 진설

대개는 3적으로 육적, 어적, 소적의 순서로 올리며, 오적을 사용할 때는 봉적이나 채소적을 첨가하여 사용하는 예도 있다.

5. 메, 갱, 잔의 진설

메(밥)를 왼쪽에, 갱(국)을 오른쪽에 올리며, 잔은 메와 갱 사이에 올린다.

시저(수저와 대접)는, 단위제의 경우에는 메의 왼쪽에 올리며, 양위합제의 경우에는 중간 부분에 올린다.

면(국수)은 건데기만을 왼쪽 끝쪽에 올리고, 편(떡종류)는 오른쪽끝에 올리며, 청(조청,꿀, 설탕)은 왼쪽에 올린다.

6. 향상 진설

축판을 올려놓고 향로와 향합을 올려놓으며, 그 밑에 모사그릇, 퇴주그릇, 제주 등을 놓는다. (향상 위에 간혹 모사잔이라 하여 강신할 때 사용하는 잔을 놓기도 한다)

제상진설의 원칙

1. 좌포우혜(左鮑右醯)

좌측에 포를, 우측에 식혜를 놓는다.

2. 어동육서(漁東肉西)

동쪽에 어류, 서쪽에 육류를 놓는다.

3. 두동미서(頭東尾西)

생선의 머리는 동쪽 방향, 꼬리는 서쪽 방향으로 한다.

4. 홍동백서(紅東白西)

붉은색은 동쪽, 흰색은 서쪽으로 한다.

5. 조율이시(棗栗梨柹)

대추, 밤, 배, 감의 순서로 진설한다.

(조율시이라 하여 지방에 따라서는 배와 감을 바꿔 진설한다.)

6. 생동숙서(生東熟西)

김치는 동쪽에, 나물은 서쪽에 놓는다.

7. 건좌습우(乾左濕右)

마른 것은 좌측에, 젖은 것은 오른쪽에 놓는다.

8. 접동잔서(蝶東盞西)

접시는 동쪽에, 잔은 서쪽에 놓는다.

9. 우반좌갱(右飯左羹)

오른쪽에 메(밥)을, 왼쪽에 갱(국)을 놓는다.

10. 남좌여우(男左女右)

제상의 왼쪽은 남자, 오른쪽은 여자.

제사음식 조리법

(1) 복숭아와 꽁치, 삼치, 갈치 등 생선의 끝자가 치자로 된 것은 사용하지 않는다.
(2) 고추가루와 마늘 양념을 하지 않는다.
(3) 식혜, 탕, 면은 건데기 만을 사용한다.
(4) 음식을 장만할 때는 몸을 깨끗이 하며, 청결하게 조리를 하여야 한다.

제상진설에 유의할점

(1) 과일을 올릴 때에는 우측에 붉은 색, 좌측에 흰색 과일을 놓고 그 중간에는 조과류를 놓을 수도 있다. (그 진설의 순서는 시접과 잔반을 제일 먼저 올린 뒤에 앞줄에서 부터 순서대로 놓는다)
(2) 설날에는 메 대신 떡국을 놓으며, 추석에는 메 대신

송편을 놓는다.

(3)두분을 모시는 양위합제 때에는 메와 갱과 시저를 각각 두벌씩을 놓아야 한다.

(4)시저(수저)를 꽂을 때에는 패인 곳을 절하는 쪽으로 메의 한복판에 놓는다.

(5)남좌 여우라 하여 남자는 좌측, 여자는 우측으로 모시는 것이 원칙이나 3년상 안에는 살아있는 분과 같이 대하는 것을 참고한다. 〔조(대추)는 씨가 하나로 임금을 뜻하고, 율(밤)은 세톨로 3정승, 시(감)는 여섯개로 육방관속, 이(배)는 여덟개로 8도 관찰사를 뜻함으로 조율시이의 진설순서가 옳다고 주장한다〕

설, 추석 진설도

수저 편 갱 편 갱

국수 잔반 잔반 물 떡

전 육적 소적 채적

육탕 소탕 어탕 어적

포 콩나물 무나물 숙주나물 청장 침채 식혜

대추 밤 곶감 배 사과 유과 당과 다식

향합

제주 잔 향반 향로

축판

양위합제(두분 모실때)

수저
밥
국
밥
국
청
떡
국수
육전
육적
소적
채적
육탕
소탕
어탕
어적
포
콩나물
두부
무나물
청장
침채
식혜
밤
배
당과
후두
망과
곶감
사과
대추
제주
잔
향반
향로
향한
축판
모사그릇

증조부 (曾祖父)	증조모 (曾祖母)	조부 (祖父)
顯曾祖考學生府君神位	顯曾祖妣孺人金海金氏神位	顯祖考學生府君神位

모 (母)	부 (父)	조모 (祖母)
顯妣孺人全州李氏神位	顯考學生府君神位	顯祖妣孺人安東金氏神位

남편(男便)	아내(妻)	백부(伯父)	백모(伯母)
顯辟學生俯君神位	亡室孺人金海金氏神位	顯伯父學生府君神位	顯伯母儒人慶州金氏神位

형 (兄)	형수 (兄嫂)	동생 (弟)	자식 (子息)
顯兄學生府君神位	顯兄嫂孺人全州李氏神位	亡弟學生이름神位	亡者秀才이름之靈

경조문(慶弔文)·수례서식(壽禮書式)

결혼식(結婚式)	祝축 儀의	祝축 結결 婚혼	祝축 華화 婚혼	祝축 盛성 典전
회갑연(回甲宴)	慶경 儀의	賀하 儀의	祝축 壽수 宴연	祝축 回회 甲갑
축하(祝賀)	祝축 榮영 轉전	祝축 發발 展전		祝축 當당 選선
사례(謝禮)	菲비 儀의	略약 禮례		薄박 禮례
대소상(大小祥)	香향 奠전	非비 禮례		薄박 儀의
상가(喪家)	弔조 意의	賻부 儀의	謹근 弔조	奠전 儀의

연령(年齡)의 이칭(異稱)

지학(志學)	공자가 15세가 되어 학문에 뜻을 두었다는 데서 유래한 말. 15세를 일컫는 말.
약관(弱冠)	남자 나이 20세가 된 때를 일컬음.
이립(而立)	논어에서 인생 30은 이립이라 하였음. 30세를 일컬음.
불혹(不惑)	공자가 40세에 이르러 세상 일에 미혹당하지 않았다는 데서 나온 말. 40세를 일컬음.
지천명(知天命)	공자가 50세가 되어 천명, 즉 하늘의 명을 알았다는 데서 나온 말. 50세를 일컬음.
이순(耳順)	공자가 60세가 되어 천지만물의 이치에 통달하였다 하여 일컬은 말. 60세를 일컬음.
환갑(還甲)	회갑(回甲) 또는 화갑(華甲)이라고도 함. 61세를 일컬음.
진갑(進甲)	환갑 다음해의 생일. 62세를 일컬음.
고희(古稀)	두보(杜甫)가 지은 곡강시(曲江試) [인생칠십고래희(人生七十古來稀)]에서 나온 말. 70세를 이르는 말. 희수(稀壽)라고도 함.

종심 (終審)	70세가 되면 뜻대로 행동한다는 데서 이름. 70세의 별칭.
희수 (稀壽)	77세를 일컫는 말.
미수 (米壽)	88세를 일컬음
백수 (白壽)	[百(백)]에서 일(一)을 빼면 99가 되고 [白(백)]자가 되는 데서 99세가 됨.
상수 (不惑)	100세 이상의 나이 또는 보통 사람보다 훨씬 많은 나이.

三綱(삼강)

君爲臣綱(군위신강)	임금은 신하의 본보기가 되고
父爲子綱(부위자강)	아버지는 아들의 본보기가 되고
夫爲婦綱(부위부강)	남편은 아내의 본보기가 된다.

五倫(오륜)

君臣有義(군신유의)	임금과 신하는 의가 있어야 하고
父子有親(부자유친)	아버지와 아들은 친함이 있어야 하며
夫婦有別(부부유별)	남편과 아내는 분별이 있어야 하며
長幼有序(장유유서)	어른과 어린이는 차례가 있어야 하고
朋友有信(붕우유신)	벗과 벗은 믿음이 있어야 한다.

朱子十悔(주자십회)

不孝父母死後悔(불효부모사후회)

부모에게 효도하지 않으면 죽은 뒤에 뉘우친다.

不親家族疎後悔(불친가족소후회)

가족에게 친절하지 않으면 멀어진 뒤에 뉘우친다.

少不勤學老後悔(소불근학로후회)

젊을 때 부지런히 배우지 않으면 늙어서 뉘우친다.

安不思難敗後悔(안불사난패후회)

편할 때 어려움을 생각하지 않으면 실패한 후에 뉘우친다.

富不儉用貧後悔(부불검용빈후회)
부할 때 아껴쓰지 않으면 가난한 후에 뉘우친다.
春不耕種秋後悔(춘불경종추후회)
봄에 밭을 갈고 씨를 뿌리지 않으면 가을이 된 후에 뉘우친다.
不治垣墻盜後悔(불치원장도후회)
담장을 고치지 않으면 도적 맞은 후에 뉘우친다.
色不謹愼病後悔(색불근신병후회)
색을 삼가하지 않으면 병든 후에 뉘우친다.
醉中妄言醒後悔(취중망언성후회)
술 취할 때 망언된 말은 술 깬 뒤에 뉘우친다.
不接賓客去後悔(부접빈객거후회)
손님을 접대하지 않으면 간 뒤에 뉘우친다.

십간(十干)·십이지(十二支)

十干(天干)

육십 갑자(六十甲子)의 윗(上)단위를 이루는 요소로, 열 가지가 있으며, 이를 합하여 십간(十干)이라 한다.

① 갑(甲) ② 을(乙) ③ 병(丙) ④ 정(丁) ⑤ 무(戊)
⑥ 기(己) ⑦ 경(庚) ⑧ 신(辛) ⑨ 임(壬) ⑩ 계(癸)

十二支(地支)

육십 갑자(六十甲子)의 아래(下)에 해당하는 단위로 이루어진 요소로, 열 두가지가 있으며, 이를 합하여 십이지(十二支)라 한다.

① 자(子 ; 쥐) ② 축(丑 ; 축) ③ 인(寅 ; 범)
④ 묘(卯 ; 토끼) ⑤ 진(辰 ; 용) ⑥ 사(巳 ; 뱀)
⑦ 오(午 ; 말) ⑧ 미(未 ; 양) ⑨ 신(申 ; 원숭이)
⑩ 유(酉 ; 닭) ⑪ 술(戌 ; 개) ⑫ 해(亥 ; 돼지)

부록

十二支 時間表

① 쥐(子時)
오후 11시 ~ 오전 1시

② 소(丑時)
오전 1시 ~ 3시

③ 인(寅 ; 범)
오전 3시 ~ 5시

④ 토끼(卯時)
오전 5시 ~ 7시

⑤ 용(辰時)
오전 7시 ~ 9시

⑥ 뱀(巳時)
오전 9시 ~ 11시

⑦ 말(午時)
오전 11시 ~ 오후 1시

⑧ 양(未時)
오후 1시 ~ 3시

⑨ 원숭이(申時)
오후 3시 ~ 5시

⑩ 닭(酉時)
오후 5시 ~ 7시

⑪ 개(戌時)
오후 7시 ~ 9시

⑫ 돼지(亥時)
오후 9시 ~ 11시

六十甲子

(01) 甲子	(02) 乙丑	(03) 丙寅	(04) 丁卯	(05) 戊辰
(06) 己巳	(07) 庚午	(08) 辛未	(09) 壬申	(10) 癸酉
(11) 甲戌	(12) 乙亥	(13) 丙子	(14) 丁丑	(15) 戊寅
(16) 己卯	(17) 庚辰	(18) 辛巳	(19) 壬午	(20) 癸未
(21) 甲申	(22) 乙酉	(23) 丙戌	(24) 丁亥	(25) 戊子
(26) 己丑	(27) 庚寅	(28) 辛卯	(29) 壬辰	(30) 癸巳
(31) 甲午	(32) 乙未	(33) 丙申	(34) 丁酉	(35) 戊戌
(36) 己亥	(37) 庚子	(38) 辛丑	(39) 壬寅	(40) 癸卯
(41) 甲辰	(42) 乙巳	(43) 丙午	(44) 丁未	(45) 戊申
(46) 己酉	(47) 庚戌	(48) 辛亥	(49) 壬子	(50) 癸丑
(51) 甲寅	(52) 乙卯	(53) 丙辰	(54) 丁巳	(55) 戊午
(56) 己未	(57) 庚申	(58) 辛酉	(59) 壬戌	(60) 癸亥

이십사(二十四) 절후(節候)

양력(陽曆)은 양(陽), 음력(陰曆)은 음(陰)으로 표시하여, 아래와 같이 24절후표(二十四 節候)를 작성하였다.

立春(입춘); (陽: 2月 4 ~ 5日) (陰: 1月)
雨水(우수); (陽: 2月 18 ~ 19日) (陰: 1月)
驚蟄(경칩); (陽: 3月 5 ~ 6日) (陰: 2月)
春分(춘분); (陽: 3月 20 ~ 21日) (陰: 2月)
淸明(청명); (陽: 4月 4 ~ 5日) (陰: 3月)
穀雨(곡우); (陽: 4月 20 ~ 21日) (陰: 3月)
立夏(입하); (陽: 5月 5 ~ 6日) (陰: 4月)
小滿(소만); (陽: 5月 21 ~ 22日) (陰: 4月)
芒種(망종); (陽: 6月 5 ~ 6日) (陰: 5月)
夏至(하지); (陽: 6月 21 ~ 22日) (陰: 5月)
小暑(소서); (陽: 7月 7 ~ 8日) (陰: 5月)
大署(대서); (陽: 7月 22 ~ 23日) (陰: 6月)
立秋(입추); (陽: 8月 7 ~ 8日) (陰: 5月)
處暑(처서); (陽: 8月 23 ~ 24日) (陰: 7月)
白露(백로); (陽: 9月 7 ~ 8日) (陰: 5月)
秋分(추분); (陽: 9月 23 ~ 24日) (陰: 8月)
寒露(한로); (陽: 10月 8 ~ 9日) (陰: 9月)
霜降(상강); (陽: 10月 23 ~ 24日) (陰: 9月)

立冬(입동): (陽: 11月 7 ~ 8日) (陰: 10月)
小雪(소설): (陽: 11月 22 ~ 23日) (陰: 10月)
大雪(대설): (陽: 12月 7 ~ 8日) (陰: 11月)
冬至(동지): (陽: 12月 21 ~ 22日) (陰: 11月)
小寒(소한): (陽: 1月 5 ~ 6日) (陰: 12月)
大寒(대한): (陽: 1月 20 ~ 21日) (陰: 12月)

이사하기 좋은 날(吉日)

- **一月**: 임진(壬辰), 병진(丙辰), 정미(丁未), 신미(辛未)
- **二月**: 갑자(甲子), 갑오(甲午), 을축(乙丑), 을미(乙未)
- **三月**: 병인(丙寅), 경오(庚午), 기사(己巳), 임인(壬寅)
- **四月**: 계묘(癸卯), 갑오(甲午), 병오(丙午), 경오(庚午)
- **五月**: 경신(庚申), 갑신(甲申)
- **六月**: 갑인(甲寅), 정유(丁酉)
- **七月**: 경술(庚戌), 갑술(甲戌)
- **八月**: 을해(乙亥), 신해(辛亥), 계축(癸丑)
- **九月**: 갑오(甲午), 갑신(甲申), 병오(丙午)
- **十月**: 갑자(甲子), 경진(庚辰), 갑오(甲午), 계축(癸丑), 무자(戊子), 임오(壬午)
- **十一月**: 을축(乙丑), 계축(癸丑), 을미(乙未), 정축(丁丑), 정미(丁未), 신미(辛未)
- **十二月**: 갑인(甲寅), 경인(庚寅), 정묘(丁卯), 기해(己亥), 신해(辛亥)

반대의 뜻을 가진 漢字

加	減	乾	濕	姑	婦
더할 가	덜 감	마를 건	축축할 습	시어미 고	며느리 부
可	否	乾	坤	曲	直
옳을 가	아닐 부	하늘 건	땅 곤	굽을 곡	곧을 직
干	戈	輕	重	功	過
방패 간	창 과	가벼울 경	무거울 중	공 공	허물 과
甘	苦	京	鄕	攻	防
달 감	쓸 고	서울 경	시골 향	칠 공	막을 방
强	弱	慶	弔	教	學
강할 강	약할 약	경사 경	조상할 조	가르칠 교	배울 학
開	閉	苦	樂	貴	賤
열 개	닫을 폐	괴로울 고	즐거울 락	귀할 귀	천할 천
客	主	高	低	禁	許
손 객	주인 주	높을 고	낮을 저	금할 금	허락할 허
去	來	古	今	吉	凶
갈 거	올 래	옛 고	이제 금	길할 길	흉할 흉

亂	易	頭	尾	發	着
어려울 난	쉬울 이	머리 두	꼬리 미	떠날 발	붙을 착
男	女	得	失	腹	背
사내 남	계집 녀	얻을 득	잃을 실	배 복	등 배
內	外	冷	溫	浮	沈
안 내	바깥 외	찰 랭	따뜻할 온	뜰 부	잠길 침
濃	淡	老	少	夫	妻
짙을 농	엷을 담	늙을 로	젊을 소	지아비 부	아내 처
多	少	利	害	上	下
많을 다	적을 소	이로울 리	해칠 해	위 상	아래 하
斷	續	賣	買	生	死
끊을 단	이을 속	팔 매	살 매	날 생	죽을 사
當	落	明	暗	先	後
마땅 당	떨어질 락	밝을 명	어두울 암	먼저 선	뒤 후
貸	借	矛	盾	善	惡
빌릴 대	빌려줄 차	창 모	방패 순	착할 선	악할 악
大	小	問	答	盛	衰
클 대	작을 소	물을 문	대답할 답	성할 성	쇠잔할 쇠
動	靜	美	醜	疎	密
움직일 동	고요할 정	아름다울 미	추할 추	드물 소	빽빽할 밀

損	益	深	淺	有	無
덜 손	더할 익	깊을 심	얕을 천	있을 유	없을 무
送	迎	安	危	恩	怨
보낼 송	맞을 영	편안할 안	위태할 위	은혜 은	원망할 원
首	尾	愛	憎	陰	陽
머리 수	꼬리 미	사랑 애	미워할 증	그늘 음	볕 양
受	授	哀	歡	異	同
받을 수	줄 수	슬플 애	기뻐할 환	다를 이	한가지 동
需	給	玉	石	因	果
쓸 수	줄 급	옥 옥	돌 석	인할 인	과연 과
昇	降	抑	揚	自	他
오를 승	내릴 강	누를 억	들날릴 양	스스로 자	남 타
勝	敗	緩	急	雌	雄
이길 승	패할 패	느릴 완	급할 급	암컷 자	수컷 웅
是	非	往	來	長	短
옳을 시	아닐 비	갈 왕	올 래	길 장	짧을 단
始	終	優	劣	前	後
비로소 시	마칠 종	뛰어날 우	못할 렬	앞 전	뒤 후
新	舊	遠	近	正	誤
새 신	옛 구	멀 원	가까울 근	바를 정	그르칠 오

朝	夕	天	地	寒	暑
아침 조	저녁 석	하늘 천	땅 지	찰 한	더울 서
早	晩	淸	濁	虛	實
이를 조	늦을 만	맑을 청	흐릴 탁	빌 허	열매 실
尊	卑	初	終	禍	福
높을 존	낮을 비	처음 초	마칠 종	재화 화	복 복
晝	夜	出	入	厚	薄
낮 주	밤 야	나갈 출	들 입	두터울 후	엷을 박
主	從	表	裏	黑	白
주인 주	따를 종	겉 표	속 리	검을 흑	흰 백
進	退	豐	凶	興	亡
나아갈 진	물러갈 퇴	풍년 풍	흉년 흉	흥할 흥	망할 망
眞	假	彼	此	喜	悲
참 진	거짓 가	저 피	이 차	기쁠 희	슬플 비

****

명심보감 (明心寶鑑)

- 펴 낸 이 · 윤 정 섭
- 편 저 자 · 김 호 인
- 펴 낸 곳 · 도서출판 윤미디어
- 등록일자 · 1993년 9 월 21 일
- 주 소 · 서울시 중랑구 묵 2 동 238－32 호
- 전 화 · 972－1474
- 팩 스 · 979－7605
- E－mail · yunmedia93@yahoo.co.kr
- ISBN 89－8635991－X 12720

＊잘못된 책은 교환해 드립니다.